ADEGA BRASIL GUIA DE VINHOS

2022

Publisher
Christian Burgos

Diretora de Operações
Christiane Burgos Miguez

Editor
Eduardo Milan

Produção
Eduardo Milan, Sônia Machado e André Mendes

Colaboradores
Sérgio "Bruxo" Wagner e Claudia Machado Hassmann

Revisão
Eduardo Milan e André Mendes

Projeto Gráfico
Ricardo Torquetto

Fotografias
Dollar Photo Club, rawpixel,
Pixebay, Divulgação Vinícolas e
p. 92 - IBRAVIN / Dandy Marchetti
p. 95 - Rodi Goulart
p. 98 - Ruall Majola (vinícola) e Wagner Meneguzzi (enólogo)
p. 109 - Leonid Streliaev
p. 121 - Cleber Brauner
p. 133 - Adriana Franciosi
p. 139 - Dandy Marchetti
p. 144 - Artur Alexandre
p. 145 - Fernanda Magnani (vinícola)
e Giulianne Martins (enóloga)
p. 190 - Augusto Tomasi

Impressão
VOX Gráfica e Editora Ltda

ADEGA Brasil - Guia de Vinhos 2022
Produzido por

inner group

Rua Dr. Antônio João Abdalla, 72
São Paulo, SP - Brasil - 04696-210
Tel: (11) 3876-8200

info@innereditora.com.br

SUMÁRIO

O nosso terroir

Quero iniciar agradecendo os produtores nacionais cujo apoio se deu no número recorde de vinícolas e vinhos que participam deste guia. Mas, particularmente neste ano, agradeço pelas inúmeras mensagens de suporte que recebemos ao nosso trabalho em prol da qualidade do vinho brasileiro. Foram Whatsapps, e-mails e até carta. Aliás, receber uma carta teve um sabor especial.

Em ADEGA, não costumamos ficar nos auto-engrandecendo como indivíduos, afinal, para nós, os protagonistas sempre são o vinho e quem o elabora. Entretanto, quero agradecer nosso time que trabalha para se superar a cada ano. Eduardo Milan, por conduzir todas as degustações com André Mendes. Eles se desdobram para cadastrar, degustar, escrever e revisar tudo que está neste guia. Ricardo Torquetto, que faz um guia digno dos nossos melhores vinhos. Sônia Machado, nossa embaixadora no vinho brasileiro. Arnaldo Grizzo, que, com ajuda Sergio "Bruxo" Wagner e Claudia Machado Hassmann, editou as informações de turismo; e Christiane Burgos, que une as peças neste guia, que fazemos sempre pensando em servir você, leitor.

Desde nossa primeira edição, uma década atrás, nossa grande motivação foi compartilhar os lindos vinhos, projetos e seres humanos que compõem o Terroir Brasil.

Saúde

Christian Burgos
Publisher

Um pouco de história

Quando participei da primeira degustação como membro da equipe de ADEGA, em março de 2010, lembro muito bem que fiquei positivamente impressionado com o foco no vinho brasileiro de Christian Burgos e dos membros da revista. O produto nacional sempre teve espaço cativo nas seções CAVE e Terroir Brasil, o que acontece até hoje.

Naquela época, Silvia Mascella Rosa, então editora de vinhos, dedicava boa parte do seu tempo ao vinho nacional, fazendo degustações temáticas, viagens ao Rio Grande do Sul, visitando muitos produtores, sem discriminação, desde os grandes, passando pelos médios e pequenos até os artesanais. E nossa equipe continua seguindo esses passos.

Foi com esse espírito e com essa vontade de oferecer ao nosso leitor uma visão cada vez mais fiel, imparcial e verdadeira da qualidade de nossos vinhos, que, em 2011, Christian idealizou, Silvia coordenou e Arnaldo Grizzo editou o primeiro ADEGA Brasil Guia de Vinhos.

Desde a primeira edição até agora, a 11ª, provamos e avaliamos milhares de vinhos brasileiros, de norte a sul do país, como se fossem partes de um grande cenário, nos possibilitando ter uma visão ampla e também específica, mas, sobretudo, uma avaliação cada vez mais consistente e avalizada de cada vinho degustado.

E essa edição é mais uma comprovação de que todo esse trabalho de ADEGA, seja na revista ou nos guias, está dando cada vez mais frutos. Neste ano de 2021, tivemos um recorde de participação. Degustamos mais de 650 amostras, de 75 produtores.

O mais gratificante é acompanhar a evolução e o ganho de consistência do vinho nacional em todos os sentidos. Os números falam por si só. Em termos comparativos, na primeira edição degustamos 275 amostras e tivemos 11 vinhos com 90 ou mais pontos. Agora, uma década depois, 165 vinhos com 90 ou mais pontos.

Convidamos você a viajar conosco pelas páginas desse guia, de preferência com uma taça na mão para poder provar e aproveitar o que de melhor o Brasil está produzindo atualmente.

Saúde,

Eduardo Milan
Editor

LEGENDAS

Bodega Sossego

Tabela de avaliação

Classificação	Pontos
Extraordinário	95 a 100
Excelente	91 a 94
Ótimo	89 a 90
Muito Bom	87 a 88
Bom	85 a 86
Regular	83 a 84
Fraco	abaixo de 82

Preços

até 50 reais	$
de 51 a 100 reais	$$
de 101 a 250 reais	$$$
de 251 a 500 reais	$$$$
acima de 501 reais	$$$$$

BEBA COM MODERAÇÃO
CORAVIN®
CORAVIN
Deguste a mesma garrafa, taça a taça durante meses.
Mantenha as características e propriedades de seu vinho com o moderno sistema Coravin®
Compre em:
AdegaOnline.com.br
Como usar o seu Coravin®
✓ Coloque o Coravin® na parte superior da garrafa. Pressione para baixo para que a agulha atravesse a rolha.
✓ Incline a garrafa como faria normalmente ao servir. Pressione e solte o gatilho para servir o vinho. Retorne a garrafa à posição vertical para parar de servir.
✓ Retire o Coravin® puxando-o para cima. A rolha voltará ao seu estado original e sua garrafa pode voltar à sua adega.

Vale dos Vinhedos

REGIÕES

Foto: Artur Alexandre

Família Lemos de Almeida

BRASIL VITIVINÍCOLA

Repleta de desafios, de períodos turbulentos e de conquistas, a história vitivinícola no Brasil dá um importante passo no decorrer e, principalmente, no final do século XX

Foi em março de 1532, que um fidalgo chamado Brás Cubas, nascido na cidade do Porto, torna-se o primeiro viticultor do Brasil. Após fundar a Vila de Santos, ele manda cultivar cepas trazidas de Portugal nas encostas da Serra do Mar, onde hoje se localiza a cidade de Cubatão. O empreendimento não deu muito certo, então ele subiu a serra e os primeiros vinhedos que merecem menção foram cultivados pelos lados de Tatuapé, tendo recebido uma citação do padre Simão de Vasconcelos como "as fecundas vinhas paulistanas".

Repleta de desafios, de períodos turbulentos e de conquistas, a história vitivinícola no Brasil dá um importante passo no decorrer e, principalmente, no final do século XX, quando muitas famílias dos descendentes dos primeiros imigrantes italianos entenderam bem o que se passava no setor vitivinícola do país e não deixaram escapar a oportunidade de se profissionalizarem, criando então novas empresas ou solidificando as já existentes, com um alto nível de sofisticação técnica e muito conhecimento empresarial.

Os vinhedos plantados em solo brasileiro estão distribuídos em seis principais regiões. No Rio Grande do Sul: Serra Gaúcha, Campos de Cima da Serra, Campanha Gaúcha e Serra do Sudeste; em Santa Catarina, no Planalto Catarinense; e no Nordeste do país, no Vale do São Francisco. Além de projetos interessantes e cada vez mais promissores nos estados do Paraná, São Paulo, Minas Gerais, Espírito Santo e Goiás.

Atualmente, as áreas com certificação do Brasil são: a Denominação de Origem - D.O. Vale dos Vinhedos, a Indicação de Procedência (I.P.) Pinto Bandeira, a I.P. Altos Montes, a I.P. Monte Belo do Sul, a I.P. Farroupilha, I.P. Campanha Gaúcha e a mais recente, I.P. Vinhos de Altitude de Santa Catarina.

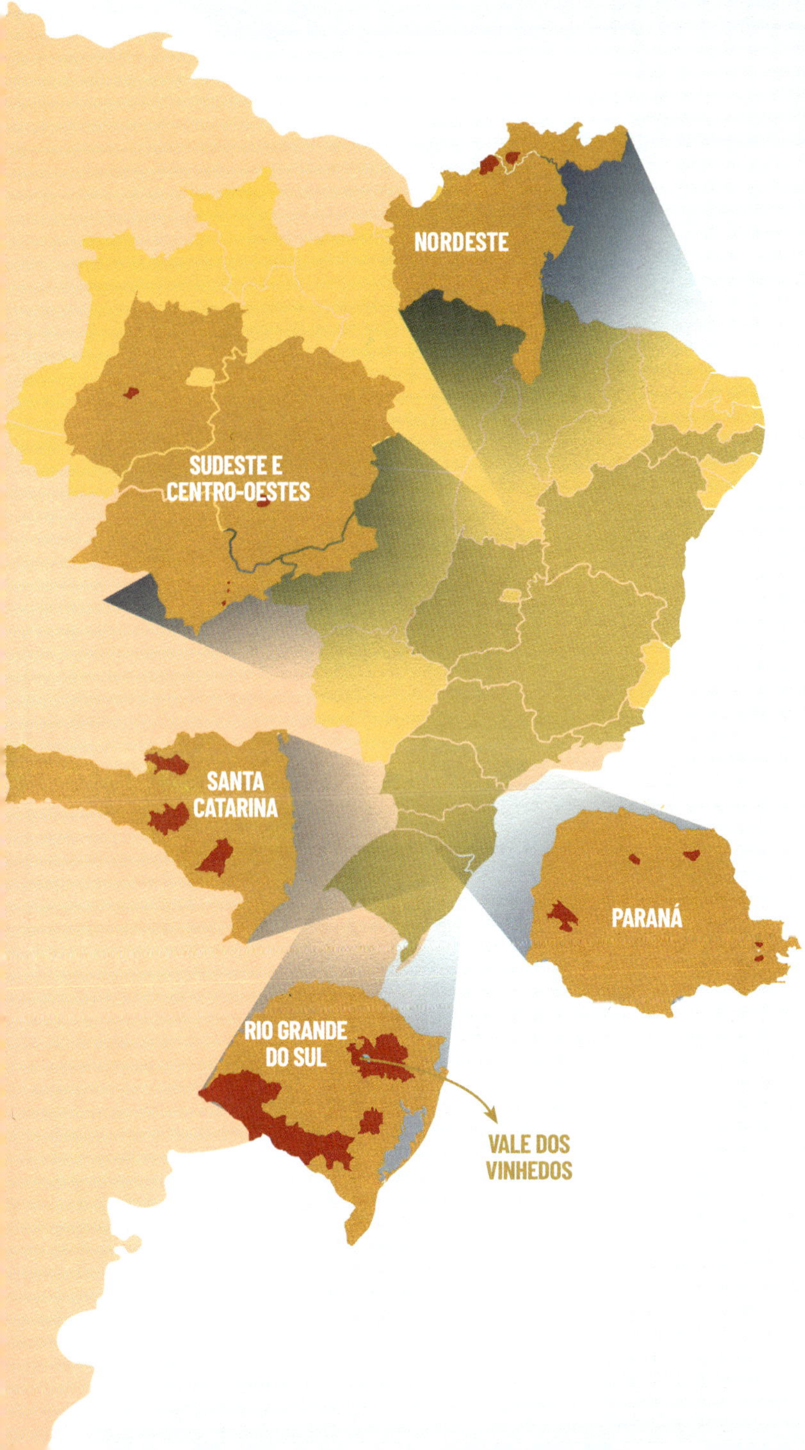
NORDESTE
SUDESTE E
CENTRO-OESTES
SANTA
CATARINA
PARANÁ
RIO GRANDE
DO SUL
VALE DOS
VINHEDOS

NORDESTE

O Nordeste do Brasil não ostentaria sua atual vocação vitivinícola se dependesse apenas do clima tropical e semiárido da região. À primeira vista, tais condições seriam pouco propícias ao cultivo de videiras. Entretanto, uma área situada entre os paralelos 8° e 9° de latitude sul, no limite entre os estados da Bahia e de Pernambuco, onde a temperatura média anual gira em torno de 26°C e o clima é seco, acabou se convertendo em polo produtor de vinhos. Tratase do Vale do Rio São Francisco. É justamente a proximidade com o grande rio que possibilita irrigações, fator determinante para o desenvolvimento da atividade. Há pelo menos duas décadas, a capacidade produtiva das videiras do Vale do Rio São Francisco é determinada pelo manejo, e não pelo clima, sempre seco e quente. O sistema de irrigação artificial dos solos, que apresentam grandes

ADEGA
rewards
O PRIMEIRO PROGRAMA DE FIDELIDADE DO MUNDO DO VINHO
Pontue e resgate vinhos, cursos, acessórios e muito mais.
Inscreva-se grátis em
AdegaOnline.com.br

depósitos de sedimentos rochosos, elimina períodos de entressafra e possibilita a obtenção de mais de uma colheita por ano. A aplicação da tecnologia envolve também extensas pesquisas de clones para encontrar as cepas de melhor adaptação ao solo e ao clima da região. A Syrah é uma delas, assim como a Petit Verdot e a Touriga Nacional, além das brancas Moscatel e Chenin Blanc.

• Rio Sol .... p. 188

SUDESTE E CENTRO-OESTE

Vinhedos da Guaspari,
em Espírito Santo do Pinhal

SUDESTE

A região Sudeste do país revelou-se frutuosa para o surgimento e o desenvolvimento de projetos vinícolas bastante interessantes. É o caso de São Paulo, por exemplo, onde tradicionalmente já se cultiva uvas - algumas cidades chegam a ser conhecidas por suas "festas da uva". Ocorre que os produtores costumavam usar uvas americanas em seus vinhos. De uns tempos para cá, porém, o estado experimenta um forte movimento para mudar essa dinâmica, dando os primeiros passos para se transformar em um produtor de vinhos finos de relevância. Uma das armas para o êxito desses primeiros projetos é a utilização da técnica de dupla poda, por meio da qual se inverte o ciclo natural da planta, que passa a frutificar no inverno, e não no verão, época mais seca e propícia à colheita de cachos para a produção de vinhos de qualidade. Exemplos disso são os projetos vistos nas cidades de

Vista dos açudes da vinícola Casa Geraldo, em Minas Gerais

Espírito Santo do Pinhal, São Roque, Amparo, Itobi, entre outras. O mesmo tem acontecido no sul de Minas Gerais, região que tem recebido investimentos envolvendo o cultivo de vitis vinifera, com mapeamento para identificação das melhores áreas para videiras e das melhores variedades a serem plantadas.

CENTRO-OESTE

Também no Centro-Oeste do Brasil vêm surgindo novas áreas de cultivos de vinhas, novamente utilizando-se a dupla poda com alicerce em pesquisas e novas tecnologias. A Serra dos Pirineus, no estado de Goiás, por exemplo, conta com empreendimentos que colocam a região definitivamente no mapa da vitivinicultura brasileira.

- Artesã p.94
- BellaQuinta p.104
- Carvalho Branco p.115
- Casa Geraldo p.117
- Estrada Real p.140
- Ferreira p.145
- Guaspari p.151
- Maria Maria p.166
- Terrassos p.199

PARANÁ

Semelhante ao que se vê no estado de São Paulo, o cultivo de uvas finas vem se difundindo com resultados interessantes no Paraná. Existem três polos principais. O primeiro é a Região Metropolitana de Curitiba, onde estão os municípios de Colombo, São José dos Pinhais e Campo Largo, de colonização italiana e tradição no cultivo de uvas de mesa, que, nos últimos anos, vem produzindo também uvas finas, com destaque para a Cabernet Sauvignon e a Chardonnay. O segundo polo é o Oeste Paranaense, cuja base é a cidade de Toledo, onde estão sendo cultivadas cepas pouco exploradas no país, como Tempranillo, Sangiovese e Negroamaro. Por fim, há o norte do Paraná, especialmente na área que engloba as cidades de Londrina, Marialva, Maringá e Rolândia, onde, a exemplo de outras regiões, converteu-se parte das vinhas de uvas de mesa para plantas de uvas finas.

Estância Paraizo

SANTA CATARINA

A maioria das vinícolas de Santa Catarina está concentrada no Planalto Catarinense, onde ficam o Alto Vale do Peixe, a Serra do Rio do Rastro e a região carbonífera. As principais características da região são as elevadas altitudes que, em algumas áreas, chegam a quase 1.400 m acima do nível do mar, e o clima frio (as médias anuais são das mais baixas do Brasil). Além disso, a amplitude térmica é grande, por isso o fator temperatura exerce grande influência sobre as videiras, retardando a maturação das uvas e postergando a colheita geralmente para os meses de março e abril. As principais cepas cultivadas são Cabernet Sauvignon, Merlot, Pinot Noir, Chardonnay e Sauvignon Blanc, além de experimentos com variedades italianas, como Sangiovese e Montepulciano, que vêm ganhando força e mostrando potencial nos últimos anos. Por enquanto, em níveis gerais, os resultados mais promissores têm sido com os brancos, principalmente de Sauvignon Blanc. Em 2021, foi anunciado pelo Instituto Nacional da Propriedade Industrial (INPI) a Indicação Geográfica de Procedência (IP) "Vinhos de Altitude de Santa Catarina", que pode estar nos rótulos dos produtos a

Variedades italianas se destacam na Leone di Venezia, na Serra Catarinense

partir de 2022. Além da área delimitada (que abrange 20% do território catarinense), entre as regras para o uso do selo estão a produtividade máxima de 7.000 litros por hectare, elaboração do produto dentro da área de demarcação, com vinhedos acima de 840 metros de altitude, indicação de safra contendo no mínimo 85% de vinho do ano mencionado e aprovação do produto em avaliação sensorial às cegas. Ao todo, 27 variedades de uvas foram autorizadas para uso, sendo todas vitis viníferas (rótulos varietais precisam ter 85% da casta mencionada). Poderão ser feitos vinhos tintos, brancos, rosés e espumantes.

- Bianco .... p. 107
- Leone di Venezia..... p. 160
- Pericó .... p. 175
- San Michele.............. p. 193
- Santa Augusta .... p. 195
- Taipa Mayer.............. p. 198
- Villaggio Bassetti .... p. 201
- Villaggio Conti......... p. 204
- Vivalti .... p. 213

RIO GRANDE DO SUL

Sede da Vinícola Salton em Bento Gonçalves, fundada em 1910

A maior parte da produção vitivinícola do Brasil está concentrada no Rio Grande do Sul. Já, há mais de duas décadas, verifica-se o foco em cultivar uvas viníferas de qualidade e investimentos em tecnologia. As principais áreas produtoras estão em quatro regiões: Serra Gaúcha, Campos de Cima da Serra, Serra do Sudeste e Campanha Gaúcha.

Ao Norte, estão as regiões da Serra Gaúcha e de Campos de Cima da Serra, que são responsáveis por aproximadamente 85% da produção nacional de vinhos. A Serra Gaúcha está entre os paralelos de latitude 28° e 29°, em altitudes que variam entre 600 m e 1.000 m acima do nível do mar. Seu clima é temperado, com invernos rigorosos e verões quentes. A ocorrência de chuvas na época em que as uvas estão em fase final de amadurecimento, logo antes de sua colheita (entre os meses de dezembro e fevereiro), não é incomum. O solo é pobre, predominantemente basáltico e um pouco argiloso. Campos de Cima da Serra é, na verdade, uma microrregião ao norte da Serra Gaúcha, situada em altitude aproximada de 1.000 m acima do nível do mar. O clima é mais frio do que na Serra.

Duas condições altamente favoráveis demonstram o protagonismo da Serra Gaúcha no cenário vitivinícola brasileiro. De um lado, a presença de cidades com indústria vitivinícola já bem estabelecida, como Garibaldi, Caxias do Sul, Flores da Cunha, Monte Belo do Sul, Cotiporã, Antonio Prado e Farroupilha. De outro, a certificação de Denominação de Origem (D.O.) e Indicação de Procedência (I.P.) de áreas de produção enológica: a D.O. Vale dos Vinhedos e as I.P. Pinto Bandeira, Altos Montes e Monte Belo do Sul, além da I.P. Farroupilha (com foco exclusivo na variedade Moscatel). As principais cepas cultivadas na zona são Cabernet Sauvignon, Merlot, Cabernet Franc, Tannat, Ancellotta,

Pinot Noir, Chardonnay, Moscato, Riesling Itálico, Malvasia e Glera (Prosecco).

Mais ao Sul do estado gaúcho estão as regiões da Serra do Sudeste e da Campanha Gaúcha, esta última já na fronteira com o Uruguai. Alguns dos vinhedos mais antigos do país estão nessas áreas, que têm recebido grandes investimentos nos últimos anos. Características como solo arenosos, ricos em granito e em calcário e de boa drenagem, associados a um clima seco, de invernos rigorosos, verões quentes, índices pluviométricos baixos e dias longos, propiciam o bom desenvolvimento das videiras. Em 2020, foi criada a Indicação de Procedência (I.P.) Campanha Gaúcha pelo INPI após um processo de análise que durou pouco mais de dois anos. Foi a primeira I.P. concedida para vinhos localizada fora da Serra Gaúcha. De fato, na Campanha, grandes vinícolas brasileiras mantêm projetos diferenciados. As principais uvas cultivadas são Cabernet Sauvignon, Merlot, Tannat, Pinot Noir, Chardonnay, Touriga Nacional, Tempranillo, Sauvignon Blanc, Pinot Gris e Gewürztraminer.

Altos Montes
- Luiz Argenta .... **p. 163**
- Mioranza .... **p. 169**

Campanha Gaúcha
- Arteviva .... **p. 95**
- Audace Wine .... **p. 96**
- Batalha Vinhas e Vinhos .... **p. 103**
- Bodega Sossego .... **p. 109**
- Bueno Wines .... **p. 110**
- Campos de Cima .... **p. 112**
- Cave do Sol .... **p. 130**
- Estância Paraizo .... **p. 139**
- Guatambu .... **p. 153**
- Lovatel .... **p. 161**
- Maximo Boschi .... **p. 167**
- Nova Aliança .... **p. 173**
- Peterlongo .... **p. 176**
- Salton .... **p. 190**
- São João .... **p. 196**

Campos de Cima da Serra
- Aracuri .... **p. 92**
- Audace Wine .... **p. 96**
- Família Lemos de Almeida .... **p. 144**
- Lovatel .... **p. 161**
- Red Wines .... **p. 186**

Farroupilha
- BellaQuinta .... **p. 104**
- Monte Paschoal .... **p. 170**

Monte Belo do Sul
- Casa Geraldo .... **p. 117**
- Cave di Pozza .... **p. 129**
- Eduardo Mendonça .... **p. 134**
- Guatambu .... **p. 153**
- Red Wines .... **p. 186**
- Yoo Wines .... **p. 216**

Pinto Bandeira
- Aurora .... **p. 98**
- Bodega Sossego .... **p. 109**
- Casa Fontanari .... **p. 116**
- Don Giovanni .... **p. 133**
- Villa Cristina .... **p. 200**
- Vinha Unna .... **p. 205**

Porto Alegre
- Guahyba Estate Wines .... **p. 150**

Serra do Sudeste
- Cárdenas .... **p. 114**
- Casa Valduga .... **p. 121**
- Cave de Pedra .... **p. 127**
- Chandon Brasil .... **p. 132**
- Hermann .... **p. 158**
- Peterlongo .... **p. 176**
- Ponto Nero .... **p. 183**
- Santa Augusta .... **p. 195**
- Vinhedo Pedras Altas .... **p. 208**

Serra Gaúcha
- Adega Refinaria .... **p. 88**
- Adolfo Lona .... **p. 89**
- Arteviva .... **p. 95**
- Audace Wine .... **p. 96**
- Aurora .... **p. 98**
- BellaQuinta .... **p. 104**
- Berkano .... **p. 106**
- Bianco .... **p. 107**
- Casa Fontanari .... **p. 116**
- Casa Geraldo .... **p. 117**
- Casa Pedrucci .... **p. 119**
- Cave di Pozza .... **p. 129**
- Cave do Sol .... **p. 130**
- Era dos Ventos .... **p. 137**
- Estrelas do Brasil .... **p. 141**
- Garibaldi .... **p. 147**
- Guatambu .... **p. 153**
- Lovatel .... **p. 161**
- Maximo Boschi .... **p. 167**
- Monte Paschoal .... **p. 170**
- Nova Aliança .... **p. 173**
- Peterlongo .... **p. 176**
- Pizzato .... **p. 177**
- Red Wines .... **p. 186**
- Salton .... **p. 190**
- São João .... **p. 196**
- Vistamontes .... **p. 211**
- Yoo Wines .... **p. 216**

VALE DOS VINHEDOS

Única Denominação de Origem brasileira até o momento, o Vale dos Vinhedos ocupa uma área total de 81.123km2, que se estende entre os municípios de Bento Gonçalves, Garibaldi e Monte Belo do Sul. A fim de receber o selo D.O., cada um dos estilos de vinho produzidos na região deve seguir regras bastante firmes. Os tintos podem ser varietal Merlot, com mínimo de 85% da variedade ou assemblage tinto, com mínimo de 60% de Merlot, utilizando no corte apenas as demais variedades autorizadas. Brancos podem ser varietal Chardonnay, novamente com mínimo de 85% da variedade ou assemblage branco, com no mínimo 60% de Chardonnay, utilizando Riesling Itálico no corte. Os vinhos base dos espumantes devem ter no mínimo 60% de Chardonnay e/ou Pinot Noir e sua elaboração deve ser pelo método tradicional. As videiras devem observar limite de produtividade, há normas para graduação alcoólica e método de colheita das uvas e expedientes como a chaptalização são vedados, entre outras regras.

- Ales Victoria................ **p. 91**
- Casa Valduga............ **p. 121**
- Cave de Pedra .... **p. 127**
- Pizzato .... **p. 177**
- Ponto Nero .... **p. 183**
- Red Wines................. **p. 186**
- Vinhedos Capoani.. **p. 209**

LEGISLAÇÃO PARA ESPUMANTES NO BRASIL

Considerando a legislação vigente, basicamente os espumantes são classificados conforme seu teor de açúcares totais (Nature, Extra-brut, Brut, Sec, Demi-sec ou Doce). Assim, em teoria, é permitido produzir espumantes a partir de quaisquer cepas, seja pelo método tradicional (segunda fermentação em garrafa), seja pelo método Charmat (segunda fermentação em grandes recipientes). Entretanto, tanto a D.O. Vale dos Vinhedos, quanto as I.P. Pinto Bandeira, I.P. Altos Montes, I.P. Monte Belo do Sul, I.P. Farroupilha, I.P. Campanha Gaúcha e a I.P. Vinhos de Altitude de Santa Catarina trazem disposições especiais com relação aos espumantes. Apenas aqueles rótulos que atenderem a essas especificações podem ostentar o selo da respectiva área.

CLASSIFICAÇÃO	TEOR DE AÇUCAR
Nature	Até 3g/l
Extra-brut	> 3g/l até 8g/l
Brut	> 8g/l até 15g/l
Sec ou seco	> 15g/l até 20g/l
Demi-Sec ou Meio-Seco ou Meio-Doce	> 20g/l até 60g/l
Doce	> 60g/l

DICAS DE VIAGEM

Gilmar Gomes

As bases da vitivinicultura na Serra Gaúcha devem muito aos imigrantes italianos que se instalaram na região. Graças a eles, seus herdeiros e outros tantos empreendedores que decidiram se aventurar nas áreas montanhosas do sul brasileiro, hoje há toda uma indústria ligada à cultura do vinho na região.

O crescimento do principal polo vitivinícola do Brasil nos últimos anos foi tamanho que as opções de entretenimento para os turistas se multiplicaram. Lá, há hotéis de luxo e pousadas aconchegantes, restaurantes estilo bistrô e cantinas tradicionais, vinícolas imponentes e produtores artesanais, passeios para os mais diversos gostos, com opções para casais, famílias, aventureiros, crianças, jovens, idosos etc. A Serra Gaúcha é um destino imprescindível não só para amantes do vinho.

Mas, além da Serra, há outras tantas regiões vinícolas no Brasil onde há opções de passeios excelentes. Confira as nossas dicas a seguir.

DICAS DE VIAGEM

HOTÉIS E POUSADAS

Quem visita a Serra Gaúcha com a ideia de desfrutar do que há de melhor no cenário do vinho brasileiro certamente deve começar seu roteiro na região de Bento Gonçalves, onde estão os principais destinos de turismo. O ponto central é o Vale dos Vinhedos, primeira denominação de origem do Brasil. E para quem quiser ficar hospedado no coração do vale, a melhor opção é o **Spa do Vinho** ❶ *(spadovinhoshop.com.br).*

O hotel de luxo faz parte da série Autograph Collection da rede Marriot. Com localização privilegiada, em frente à vinícola Miolo, esta é uma opção requintada de estadia

❶

❶

que oferece um excelente programa de spa com tratamentos de vinoterapia (que pode ser usufruído até por quem não está hospedado, basta adquirir um pacote diário).

O hotel conta com restaurantes de gastronomia internacional, academia, quadras de tênis e outras amenidades. A vista do por do sol acompanhada de uma taça de vinho no terraço é imperdível.

❶

Outra excelente opção de estadia, na Via Trento, são as charmosas pousadas da **Casa Valduga** ❷ *(casavalduga.com.br)*, que ficam literalmente circundando a vinícola. São cinco pousadas: Storia, Gran, Identidade, Leopoldina e Raízes, que, ao todo, possuem apenas 24 quartos. Cada um com um estilo, mas todas com um serviço impecável, acomodações aconchegantes e de alto padrão.

Com muita atenção aos detalhes, a vinícola prepara programas que incluem degustações, harmonizações, colheita de uvas etc. Destaque para o café da manhã, repleto de guloseimas locais (muitas da Casa Madeira, braço de gastronomia dos Valduga) e ainda com piano ao vivo nos finais de semana. Bela combinação de requinte e rusticidade.

Não muito longe dali, ainda na Via Trento, fica uma pousada de filosofia bucólica e idílica, a **Borghetto Sant'Anna** ❸ (*borghettosantanna.com.br*). São apenas sete quartos extremamente intimistas, com casas de pedra e suítes com decoração rústica. As casas são literalmente casas, com sala de estar (com lareira), sala de jantar e cozinha; em um ambiente bastante reservado, para quem curte sua privacidade e quer

ter liberdade para fazer suas próprias refeições. Todos os quartos possuem vista privilegiada para o vale e deck privativos. O atendimento, obviamente, é bastante personalizado.

Um pouco mais distante, em Pinto Bandeira, fica outra pousada extremamente aconchegante e literalmente familiar. As acomodações da vinícola **Don Giovanni** ❹ *(dongiovanni.com.br)*, são em sete apartamentos dentro do casarão dos anos 1930 da família, colado na vinícola. Há ainda um quarto "afastado", uma cabana – um antigo estábulo reformado – próxima aos vinhedos, para quem prefere um pouco mais de privacidade e bucolismo, além de uma vista privilegiada. Não é preciso dizer que a decoração é toda com mobiliário de época, como uma verdadeira casa de fazenda, e o atendimento é super exclusivo.

Ainda para quem quer aconchego em um ambiente tradicional, a opção é o **LOTE20 Hotel Boutique** ❺ (*lote20.com.br*), no começo do charmoso roteiro "Caminhos de Pedra". Uma antiga casa colonial foi reformada e hoje abriga nove suítes em um conceito que mescla modernidade e rusticidade no

ponto certo. O serviço é quase todo personalizado, com café da manhã com hora marcada, por exemplo, e os ambientes são todos acolhedores.

Na estrada que liga Garibaldi a Bento Gonçalves, há a o famoso **Castello Benvenuttti** ❻ (*pousadacastellobenvenutti.com.br*) que, além de abrigar o clássico restaurante Casa di Paolo e o Dona Carolina, também abriga uma pousada com apenas 18 quartos entre seus muros feitos com pedras basálticas, cada um com decoração singular. Há quartos de frente para a rodovia, mas, se você evitá-los certamente terá uma experiência muito aconchegante em suíte que possui até hidromassagem na varanda, por exemplo.

VISITAS

Em uma região vitivinícola, um dos grandes atrativos, com certeza, são as vinícolas. A Serra Gaúcha abriga um pot-pourri de produtores dos mais diversos estilos e tamanhos, com empresas de grande porte e vinhateiros artesanais lado a lado, formando um leque de opções dos mais diversos para quem quer desfrutar de bons vinhos e conhecer um pouco de como eles são feitos.

Entre as visitas "obrigatórias", você deve colocar alguns dos mais tradicionais produtores brasileiros. Pode-se, por exemplo, começar pela **Aurora** ❶ (*vinicolaaurora.com.br*). Fundada em 1931, essa cooperativa tradicionalíssima tem sua sede dentro da cidade de Bento Gonçalves. Uma das primeiras a abrir suas portas ao enoturismo ainda na década de 1960, atualmente o receptivo da vinícola funciona todos os dias. No tour gratuito, os visitantes caminham pelas passagens subterrâneas interligando os quatro quarteirões das instalações da Aurora. O "túnel do tempo" liga a ala histórica à parte moderna e o icônico corredor das bandeiras (que representa os países com os quais a empresa manteve ou mantém relações comerciais).

Outra empresa tradicional da Serra Gaúcha é a **Salton** ❷ (*salton.com.br*), localizada no distrito de Tuiuty. A centenária e imponte vinícola recebe os turistas, com agendamento prévio, em um roteiro que passa por toda a sua área de produção. Seu "parque industrial", inaugurado em 2004, impressiona e aí entende-se que não é à toa o fato de ela ser a maior produtora de espumantes do Brasil.

Mais recentemente surgiram duas novidades interessantes no Vale. A primeira foi a moderna unidade da **Aurora** ❸ (de conceito totalmente sustentável), que conta com uma simpática loja de vinhos com degustação premium da marca. Além dela, há também a **Cave do Sol** ❹ (*cavedosol.com.br*), um projeto da família Passarin, que conta com uma imponente estrutura, oferecendo, além de visita guiada com degustação,

uma charmosa Vinheria para desfrutar de vinhos e quitutes com amigos.

Já em Pinto Bandeira, você pode experimentar uma visita diferente e com toques chilenos na **Cave Geisse** ❺ (*familiageisse.com.br*). Essa conceituada vinícola criada pelo chileno Mario Geisse oferece um passeio pelos vinhedos em um veículo 4x4 que anda literalmente entre as linhas dos vinhedos e passa por trechos de mata com córregos em que foram montados alguns belvederes idílicos. Depois, você ainda pode desfrutar não somente dos excelentes espumantes lá produzidos, mas também das maravilhosas empanadas feitas com a receita da matriarca da família, Doña Margarita.

Outra experiência imperdível é a visita à vinícola **Luiz Argenta** ❻ (*luizargenta.com.br*), em Flores da Cunha. Com seu espetacular design, projetado pela arquiteta Vanja Hertcert, a visita é deslumbrante ao passar pelas instalações que conjugam ares modernos e tradicionais,

com um jogo de luz e sombra encantador dentro das caves. Uma experiência incrível.

Por fim, quem preferir uma visita nada tradicional, mas capaz de encantar com sua incrível vista do Vale Aurora, pode tentar entrar em contato com a **Estrelas do Brasil** ❼ (*estrelasdobrasil.com.br*), localizada em Faria Lemos. Definitivamente não é uma visita padrão, mas a vista é deslumbrante, especialmente no fim de tarde.

Na mesma pegada, outro passeio intimista e acolhedor, também em Faria Lemos, é na **Vistamontes** ❽ (*vistamontes.com.br*), onde os proprietários montaram uma tenda no meio do jardim e recebem os convidados em uma manhã, tarde ou até mesmo noite de puro encanto.

DICAS DE VIAGEM

PASSEIOS

O cenário da Serra Gaúcha pode oferecer passeios para os mais diferentes gostos. Com uma natureza privilegiada, vistas estupendas, estradas charmosas, ambientes bucólicos etc., é possível desbravar a região em busca das experiências que mais lhe aprouver.

Para quem quer apreciar um pouco da essência da história da região, vale a pena colocar em seu roteiro os **Caminhos de Pedra** ❶ (*caminhosdepedra.org.br*). Idealizado por Tarcísio Vasco Michelon e Júlio Posenato, o roteiro foi concebido após um levantamento do acervo arquitetônico de Bento Gonçalves.

Atualmente a Associação Caminhos de Pedra conta com cerca de 70 associados e o projeto possui mais de 28 pontos de visitação, com vinícolas, restaurantes, pousadas, lojas ligadas ao artesanato e produtos gastronômicos locais etc. Um dos destaque é o **Parque da Ovelha** ❷ (*parquedaovelha.com.br*). Basta pegar o carro e se deliciar nas paradas.

Para quem curte um pouco mais de adrenalina, vale a pena conhecer o **Parque de Aventuras Gasper** ❸ (*parquegasper.com.br*). Aberto o ano todo das 9h às 18h, ele tem acesso fácil, com estacionamento e não é necessário agendar. Em meio à um espaço natural encantador, são oferecidas diversas atividades como tirolesa, escalada, bungee jump, passeios de quadriciclo, paintball etc. Ótima opção para crianças e adolescentes. O local ainda conta com restaurantes e churrasqueiras que podem ser reservadas.

❶

❷

❸

RESTAURANTES

Não se engane achando que o ponto máximo da gastronomia da Serra Gaúcha são as cantinas e os típicos cafés coloniais. Sim, há vários estabelecimentos que resgatam essa tradição dos imigrantes italianos, mas há uma diversidade de opções e restaurantes de alto padrão para desfrutar de pratos que vão muito além do galeto com massa.

Para começar, pode-se, por exemplo, fazer uma reserva no **Valle Rústico** ❶ (*vallerustico.com.br*). Aqui a questão não é apenas a excelência da cozinha, mas também o local maravilhoso em Garibaldi. O restaurante, que abre apenas de quarta a domingo e somente com menu degustação, é do chef Rodrigo Bellora, natural de Bento Gonçalves e idealizador do conceito Cozinha de Natureza. Os pratos são sempre feitos com ingredientes sazonais.

❷

Rodrigo Bellora tem ainda mais dois empreendimentos gastronômicos imperdíveis. O primeiro é o **Tubuna Cultura Gastronômica** ❷ (*instagram.com/tubuna750*), uma mistura de padaria, pizzaria, mercearia etc., um lugar para se deliciar dentro de Bento Gonçalves. O outro é o **Guairapo Bar e Cozinha** ❸ (*instagram.com/guaraipobarecozinha*), em Farroupilha, que mescla um estilo de bar de tapas com restaurante. Tudo com assinatura do chef merece ao menos uma visita.

❶

❸

❸

Com um viés italiano, porém com a pegada estilo bistrô, tem-se a **Mamma Gema** ❹ (*mammagema.com.br*). Os pratos obviamente são todos inspirados na gastronomia italiana dos ancestrais de Altemir Pessali, ex-atleta profissional de futebol, que comanda a cozinha juntamente com a chef Maria Sartori.

Outros dois empreendimentos de Pessali que merecem ser conhecidos são o **PizzaentreVinhos** ❺ (*pizzaentrevinhos.com.br*) e o **Primo Camilo** ❻ (*primocamilo.com.br*). O primeiro é um lugar despojado literalmente abaixo do Mamma Gema, como se fosse uma adega. Ali, preparam-se pizzas na pedra com os mais diversos ingredientes e você mesmo pode escolher seu vinho em nas gôndolas que ficam entre as mesas. O segundo é uma trattoria localizada na cidade de Garibaldi, em uma casa de época restaurada em que são servidos pratos dos mais variados, incluindo pizzas.

Uma ótima opção para quem quer algo tradicional, típico da Serra Gaúcha, é o **Galeto di Paolo** ❼ (*dipaolo.*

com.br), uma rede que se expandiu para outros estados, mas que tem unidades em Bento Gonçalves, Garibaldi, Caxias do Sul etc. Aqui é servido uma espécie de rodízio de pratos típicos, com destaque para o galeto e as polentas.

Dentro de Bento Gonçalves, um lugar bem desposajado, para petiscar e bebericar em um gostoso fim de tarde é o **Bodega Pizza entre Vinhos** 8 (*instagram.com/bodegapizzaentrevinhos/*). Além das pizzas, há diversas entradas e, além dos vinhos, opções de drinks.

Já fora do perímetro urbano, é possível encontrar algumas pequenas joias como o **Osteria Della Colombina** 9 (*osteriadellacolombina.com.br*), uma casa cuja filosofia é de cozinha afetiva, com pratos que rememoram receitas ancestrais. E também o **Champenoise Bistrô** 10 (*champenoisebistro.com*), em Pinto Bandeira, que abre somente para almoço de quinta-feira a domingo, e serve menu de degustação de cinco ou sete passos em um local extremamente charmoso.

Em Monte Belo do Sul, é imperdível desfrutar do ar colonial, mas com requinte, da **Francesco Trattoria** ⓫ (*instagram.com/Francesco.Trattoria*), localizada em uma casa antiga restaurada. Gastronomia e decoração excepcionais.

Outra ótima opção para quem busca a gastronomia tradicional é a **Casa Madeira** ⓬ (*casamadeira.com.br*). Empreendimento da Família Valduga, ela nasceu para produzir quitutes requintados com os ingredientes locais, como geleias, molhos, antepastos etc., mas também conta com um restaurante de pratos típicos. Vale a pena provar a codorna e o gnocchi. Quem quiser algo tradicional, mas um pouco mais requintado, pode seguir adiante na Via Trento e se deliciar no restaurante da própria vinícola Valduga, o **Maria Valduga** ⓭ (*casavalduga.com.br/enoturismo/gastronomia/*). Os pratos são tipicamente italianos, bastante fartos, e o ambiente extremamente agradável. Há opção ainda de jantares harmonizados.

E já que falamos de restaurantes dentro de vinícolas, é preciso citar outras opções imperdíveis. Uma delas certamente é o **Clô Restaurante** ⓮ (*luizargenta.com.br*), da Luiz Argenta, em Flores da Cunha, onde é servido um excelente menu de três pratos (opções de gastronomia internacional à escolha do cliente), mais sobremesa.

Para quem quer algo mais despojado, vale a pena conhecer o **Open Lounge** ⓯ (*familiageisse.com.br/open-lounge*) da Cave Geisse. Em uma tenda no meio de um amplo jardim, são servidos quitutes estilo finger food com espumantes ao som de música para relaxar.

ALÉM DA SERRA

A Serra Gaúcha é indubitavelmente a região mais preparada para receber os enófilos turistas, mas há outras ótimas opções de passeios em terroirs além do gaúcho. Pinçamos então as melhores indicações de Santa Catarina, São Paulo, Minas Gerais e Paraná.

São Paulo
São várias as cidades paulistas com atividade vitivinícola importante.

Em Itobi, a **Casa Verrone** ❶ (*casaverrone.com.br*) conta com um bistrô agradável e sofisticado, com harmonizações diferenciadas. Após esta experiência, pode-se visitar o tradicional **Bar do Carlão**, expert em torresmo, em São Sebastião da Grama, e o olival da **Fazenda Irarema** com seus premiados azeites.

❶

❷

❸

❹

❺

Espírito Santo do Pinhal oferece ótimas pousadas, como a **Pousada do Vinhedo** (*pousadadovinhedopinhal.com.br*), **Famiglia Barthô** (*pousadafamigliabartho.com*), **Casa de Pedra e Hotel Villa do Poeta** (*villadopoeta.com.br*), além de excelentes restaurantes. Visitas obrigatórias são na **Guaspari** ❷ (**vinicolaguaspari.com.br**), com seu magnífico jardim e winebar, **Terra Nossa** ❸ (*vinicolaterranossa.com.br*) e **InnVernia** ❹ (*innvernia.com*).

Já em Amparo está a vinícola **Terrassos** ❺ (*terrassos.com.br*), que, em seu restaurante, oferece um passeio pela Itália com menu degustação de massas caseiras. Um lugar para se ir com a família. Ao lado está a **Fazenda Atalaia** (*fazendaatalaiaamparo.com.br*), com seus excelentes queijos autorais.

Em São Roque, na rota

6

8

7

9

10

do vinho, encontra-se uma infinidade de vinícolas, restaurantes, bares e hotéis. Vale destacar a **Vinícola Góes** 6 (*vinicolagoes.com.br*), a maior produtora do Sudeste.

São Bento do Sapucaí tem primorosas vinícolas, inúmeras pousadas e hotéis para um fim de semana inesquecível. Um lugar para reviver as relações, podendo também se visitar a bucólica cidade de **Santo Antônio do Pinhal** com inúmeras pousadas luxuosas e aconchegantes. A **Villa Santa Maria** 7 (*villasantamaria.com.br*) tem beleza estonteante, vinhos premiados, uma bruschetteria com cardápio harmonizado, além de oferecer passeios e piquenique. A vinícola **Raízes do Baú** 8 (*vinicolaraizesdobau.com.br*) com seus passeios intimistas colocam o turista em contato com a natureza.

Paraná

Ao redor de Curitiba, é possível visitar algumas vinícolas importantes do Paraná, como a bela vinícola **Araucária** 9 (*vinicolaaraucaria.com.br*), em São José dos Pinhais, a **Legado** (*vinicolalegado.com.br*), em Campo Largo, e vale destacar a **Cave Colinas de Pedra** 10 (*cavecolinasdepedra.com.br*), com seus túneis de amadurecimento de espumantes em um trecho histórico de ferrovia.

Minas Gerais
As vinícolas mineiras foram pioneiras no desenvolvimento da viticultura de dupla poda. Andradas é um dos pontos centrais para o enófilo. Lá, a **Stella Valentino** ⓫ (*stellavalentino.com.br*), uma vinícola butique, tem passeios/aulas ministrados pelo proprietário Sr. Procópio, que fazem o turista ter vontade de ser vitivinicultor. A **Casa Geraldo** ⓬ (*casageraldo.com*) é a mais antiga em atividade, oferecendo passeios de jardineira pelo vinhedo com paradas para degustações. Há ainda um restaurante bem amplo com cardápio variado.

Em Piranguçu (perto de Campos do Jordão, em São Paulo), encontra-se a vinícola **Ferreira** ⓭ (*vinicolaferreira.com*), que está a 1730 metros de altitude com sua mesa de pedra, seus vinhedos cobertos e um belo restaurante.

Santa Catarina
Certamente, o ponto central do enoturismo catarinense está entre São Joaquim e Urubici, onde a paisagem natural é deslumbrante. Não muito distante, aliás, está a famosa estrada da **Serra do Rio do Rastro** ⓮, um passeio imperdível, mas que precisa ser planejado, pois nem sempre está aberta.

A maioria das opções de estadia são modestas, em pousadas e poucos hotéis. Entre as possibilidades estão o Chalé Alto da Serra e Pousada Cravo e Canela, por exemplo.

Em Urubici, deve-se conhecer a **Serra do Corvo Branco**. A estrada para chegar é precária mas a vista recompensa. Outro passeio é o da **Pedra Furada** (*www.icmbio.gov.br/parnasaojoaquim/*), em que é necessário se inscrever antecipadamente, pois o acesso é controlado pelo ICMBio. Também vale conhecer a **Cascata do Avencal**.

Para comer, uma boa recomendação é a **Quinta das Bromélias** ⓯ (*instagram.com/quintadasbromeliasbistro*), um charme de lugar, com boa carta de vinhos. Outra opção é

o **Paradouro Santo Antônio** (*estalagemsantoantonio.com.br*).

Em São Joaquim, as opções gastronômicas podem começar pelo restaurante **Pequeno Bosque** (*instagram.com/restaurantepequenobosque*), com seu excepcional bolinho de pinhão. E não se pode deixar de visitar a **Casa do Vinho** (*casadovinho.net*), um loja que vende rótulos de todas as vinícolas catarinenses com degustação de vários vinhos. E ao redor da cidade, há algumas visitas imperdíveis. Uma delas é a imponente **Villa Francioni** ⑯ (*villafrancioni.com.br*), com bela arquitetura e galeria de arte. Outra é a **Leone di Venezia** ⑰ (*leonedivenezia.com.br*), de inspiração italiana com sua maravilhosa vista do vale. Assim como a **Pericó** ⑱ (*vinicolaperico.com.br*), com almoços e visitas guiadas. A **d'Alture** ⑲ (*dalture.com.br*) oferece menu harmonizado e piquenique no vinhedo, assim como a **Monte Agudo** ⑳ (*monteagudo.com.br*). A **Thera** ㉑ (*vinicolathera.com.br*) possui pousada e bistrô. Somam-se ainda a **Villaggio Bassetti** ㉒ (*villaggiobassetti.com.br*), entre outras. Para todas, recomenda-se fazer reserva previamente.

OS MELHORES

MELHORES DO ANO

Cave de Pedra

Melhor Espumante

ADOLFO LONA ESPECIAL TRINTA MÉTODO TRADICIONAL BRUT ROSÉ 2019

ADOLFO LONA | SERRA GAÚCHA

(PAG. 89)

Tem gostosa textura, acidez vibrante e final persistente, refinado e profundo.

Melhor Espumante

CAVE DE PEDRA BLANC DE BLANCS BRUT

CAVE DE PEDRA | VALE DOS VINHEDOS

(PAG. 127)

Destaca-se pelo frescor, pela acidez elétrica e pela textura cremosa, além do final persistente.

Melhor Espumante

ESTRELAS DO BRASIL NATURE CLÁSSICO

ESTRELAS DO BRASIL | NOVA PRATA E FARIA LEMOS

(PAG. 141)

Mostra frutas cítricas e brancas de perfil mais fresco em harmonia com notas especiadas, terrosas e de frutos secos.

Destaques Espumantes

130 SPECIAL EDITION BLANC DE BLANC BRUT

CASA VALDUGA | VALE DOS VINHEDOS

(PAG. 122)

ADOLFO LONA NATURE PAS DOSÉ MÉTODO TRADICIONAL

ADOLFO LONA | SERRA GAÚCHA

(PAG. 89)

CHANDON EXCELLENCE MAGNUM LOTE 2 BRUT 2009

CHANDON BRASIL | SERRA DO SUDESTE

(PAG. 132)

DON GIOVANNI NATURE

DON GIOVANNI | PINTO BANDEIRA

(PAG. 133)

Destaques Espumantes

ESTRELAS DO BRASIL BRUT CLÁSSICO
ESTRELAS DO BRASIL | NOVA PRATA E FARIA LEMOS
(PAG. 141)

ESTRELAS DO BRASIL EXTRA BRUT ROSÉ PINOT NOIR CLÁSSICO
ESTRELAS DO BRASIL | FARIA LEMOS
(PAG. 142)

ESTRELAS DO BRASIL NATURE ROSÉ PINOT NOIR CLÁSSICO
ESTRELAS DO BRASIL | FARIA LEMOS
(PAG. 142)

ISADORA EDIÇÃO II NATURE
GUATAMBU | CAMPANHA GAÚCHA
(PAG. 153)

LÍRICA CRUA
HERMANN | SERRA DO SUDESTE
(PAG. 158)

MAXIMO BOSCHI BIOGRAFIA BRUT ROSÉ 2015
MAXIMO BOSCHI | SERRA GAÚCHA
(PAG. 167)

OTTO SUR LIE NATURE
ADEGA REFINARIA | SERRA GAÚCHA
(PAG. 88)

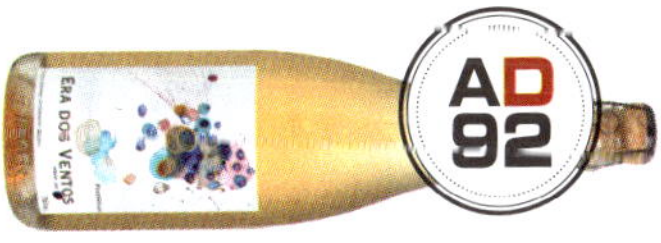

PEVERELLA NATURE
ERA DOS VENTOS | BENTO GONÇALVES
(PAG. 138)

PIZZATO NATURE 2018
PIZZATO | VALE DOS VINHEDOS
(PAG. 177)

YOO NATURE ROSÉ CLÁSSICO
YOO WINES | NOVA PRATA E FARIA LEMOS
(PAG. 216)

Melhor Tinto

ERA DOS VENTOS CLARETE 2021

ERA DOS VENTOS | BENTO GONÇALVES
(PAG. 137)

Por ser fluido e muito gostoso de beber, aparenta ser menos complexo do que realmente é.

Melhor Tinto

GUASPARI VISTA DA SERRA SYRAH 2018

GUASPARI | ESPÍRITO SANTO DO PINHAL
(PAG. 152)

Mostra notas defumadas, de ervas e de especiarias picantes envolvendo sua fruta madura, lembrando ameixas.

Destaques Tintos

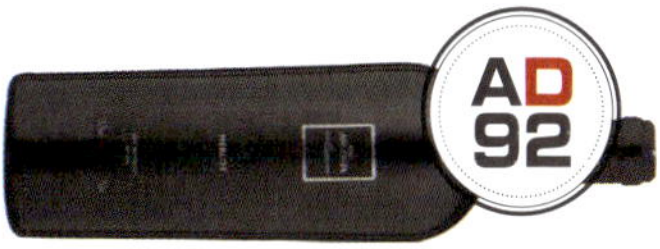

LUIZ ARGENTA CAVE MERLOT 2012
LUIZ ARGENTA | ALTOS MONTES
(PAG. 163)

MINISTÉRIO DOS PRAZERES DE BACCO PINOT NOIR 2020
PENZO | VACARIA
(PAG. 174)

VIVALTI TOURIGA NACIONAL 2019
VIVALTI | SÃO JOAQUIM
(PAG. 213)

Era dos Ventos

Melhor Branco

PIZZATO PP SÉMILLON 2019
PIZZATO | VALE DOS VINHEDOS
(PAG. 178)

Impressiona pela textura firme e cremosa e pela acidez refrescante, que conferem sustentação e profundidade ao vinho.

Melhor Rosé

MASSILIA ROSÉ DE PINOT NOIR 2021
AUDACE WINE | BENTO GONÇALVES
(PAG. 96)

Leve e cativante, tem textura firme e cremosa, ótima acidez e final persistente e agradável, com toques cítricos e de framboesas.

Melhor Moscatel Espumante

CASA VALDUGA RSV MOSCATEL ESPUMANTE 2020

CASA VALDUGA | VALE DOS VINHEDOS

(PAG. 122)

Nítido nos aromas e nos sabores, esbanja frutas brancas seguidas de notas florais.

Melhor Moscatel Espumante

MONTE PASCHOAL MOSCATEL ROSÉ ESPUMANTE

MONTE PASCHOAL | FARROUPILHA

(PAG. 171)

Sedutor e gostoso de beber, tem ótima acidez, textura cremosa e final com toques cítricos e de morangos.

MELHORES POR REGIÃO

Luiz Argenta

Melhor Altos Montes

LUIZ ARGENTA CAVE MERLOT 2012
LUIZ ARGENTA | ALTOS MONTES
(PAG. 163)

Equilibrado e muito gostoso de beber, tem final com toques de grafite e de alcaçuz.

Destaques Altos Montes

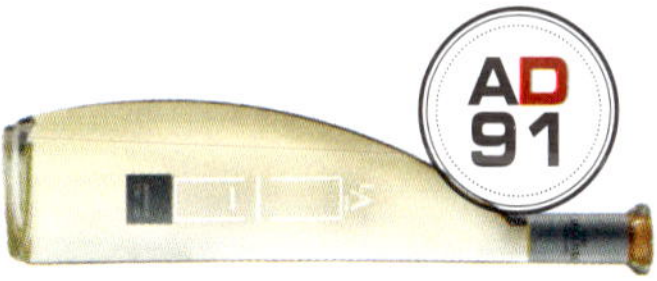

L.A. JOVEM GEWÜRZTRAMINER 2021
LUIZ ARGENTA | ALTOS MONTES
(PAG. 163)

L.A. JOVEM RIPIANO 2021
LUIZ ARGENTA | ALTOS MONTES
(PAG. 164)

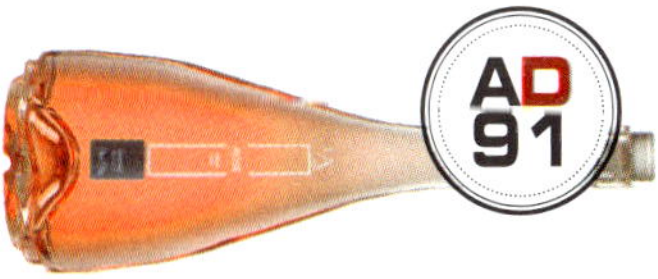

L.A. JOVEM ROSÉ 2021
LUIZ ARGENTA | ALTOS MONTES
(PAG. 164)

L.A. JOVEM SAUVIGNON BLANC 2021
LUIZ ARGENTA | ALTOS MONTES
(PAG. 164)

LUIZ ARGENTA CAVE SAUVIGNON BLANC 2018
LUIZ ARGENTA | ALTOS MONTES
(PAG. 164)

Melhor Campanha Gaúcha

ISADORA EDIÇÃO II NATURE

GUATAMBU | CAMPANHA GAÚCHA

(PAG. 153)

Tem final cativante e vertical, com toques tostados, terrosos, de fermento e de limão siciliano.

Destaques Campanha Gaúcha

ANIMA GRAN RESERVA MERLOT 2018

BUENO WINES | CAMPANHA GAÚCHA

(PAG. 111)

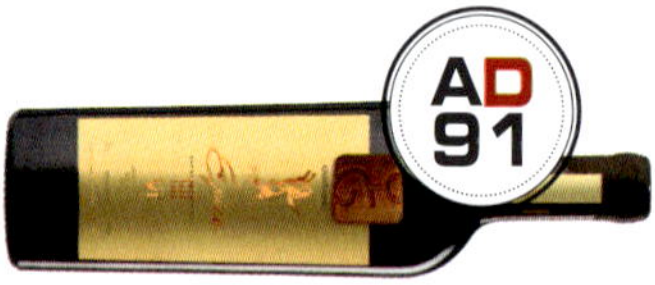

ÉPICO EDIÇÃO VI

GUATAMBU | CAMPANHA GAÚCHA

(PAG. 153)

LENDAS DO PAMPA TANNAT 2020

GUATAMBU | CAMPANHA GAÚCHA

(PAG. 154)

LENDAS DO PAMPA TEMPRANILLO 2020

GUATAMBU | CAMPANHA GAÚCHA

(PAG. 154)

RASTROS DO PAMPA TANNAT 2021

GUATAMBU | CAMPANHA GAÚCHA

(PAG. 154)

SALTON DOMENICO CAMPANHA MARSELAN 2018

SALTON | CAMPANHA GAÚCHA

(PAG. 190)

Melhor Campos de Cima da Serra

AD 92

MINISTÉRIO DOS PRAZERES DE BACCO PINOT NOIR

'PENZO | VACARIA

(PAG. 174)

Grata surpresa, tem final suculento e persistente, com toques terrosos, de ervas e de groselhas.

Melhor Farroupilha

AD 92

MONTE PASCHOAL MOSCATEL ROSÉ ESPUMANTE

MONTE PASCHOAL | FARROUPILHA

(PAG. 171)

Atraente e gostoso de beber, tem ótima acidez, textura cremosa e final com toques cítricos e de morangos.

Melhor Monte Belo do Sul

EDUARDO MENDONÇA PÉT-NAT MOSCATO NATURE

EDUARDO MENDONÇA | MONTE BELO DO SUL

(PAG. 135)

Mostra notas florais, de ervas e de especiarias doces envolvendo sua fruta lembrando maçãs e pêssegos.

Melhor Pinto Bandeira

AD 92

DON GIOVANNI NATURE

DON GIOVANNI | PINTO BANDEIRA
(PAG. 133)

Austero e sem nenhuma concessão ao dulçor, mostra frutas brancas e cítricas seguidas de notas florais, de ervas e de frutos secos.

Destaques Pinto Bandeira

AD 91

AURORA GIOIA SUR LIE
AURORA | PINTO BANDEIRA
(PAG. 98)

AD 91

DON GIOVANNI BRUT
DON GIOVANNI | PINTO BANDEIRA
(PAG. 133)

AD 91

TERROIR DE CHUVA NATURE BLUSH
VINHA UNNA | PINTO BANDEIRA
(PAG. 206)

AD 91

TERROIR DE CHUVA NATURE ROSÉ
VINHA UNNA | PINTO BANDEIRA
(PAG. 206)

AD 91

VILLA CRISTINA NATURE
VILLA CRISTINA | PINTO BANDEIRA
(PAG. 200)

AD 91

INVIDIA SANGIOVESE 2021
VINHA UNNA | PINTO BANDEIRA
(PAG. 206)

Melhor Santa Catarina

VIVALTI TOURIGA NACIONAL

VIVALTI | SÃO JOAQUIM
(PAG. 213)

Cheio de tipicidade, é franco nos aromas, nítido nos sabores e esbanja amoras e ameixas seguidas de notas florais, de ervas e de especiarias doces.

Destaques Santa Catarina

PIEN DI SÀSSI MONTEPULCIANO SANGIOVESE 2019
LEONE DI VENEZIA | SÃO JOAQUIM
(PAG. 160)

CLARET SANGIOVESE SYRAH CABERNET SAUVIGNON MERLOT 2020
VILLAGGIO BASSETTI | SÃO JOAQUIM
(PAG. 201)

VIVALTI BRUT
VIVALTI | SÃO JOAQUIM(PAG. 213)

VIVALTI MACERATO ALVARINHO 2020
VIVALTI | SÃO JOAQUIM (PAG. 214)

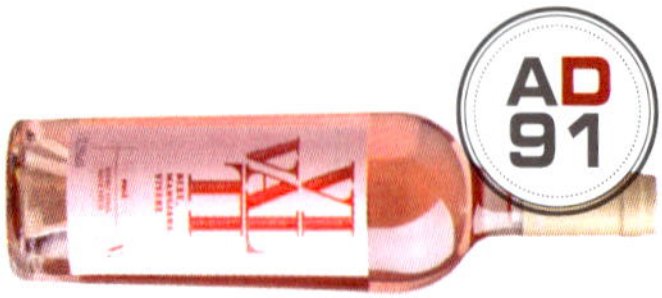

VIVALTI ROSÉ 2020
VIVALTI | SÃO JOAQUIM
(PAG. 214)

Melhor Serra do Sudeste

CHANDON EXCELLENCE MAGNUM LOTE 2 BRUT 2009

CHANDON BRASIL | SERRA DO SUDESTE

(PAG. 132)

Com mais de 10 anos em garrafa, chama atenção pela qualidade das borbulhas e pela textura firme e cremosa.

@CHANDON_BRASIL

Melhor Serra do Sudeste

LÍRICA CRUA

HERMANN | SERRA DO SUDESTE

(PAG. 158)

Frutas brancas maduras e tostados, realçados pela acidez vibrante e textura cremosa.

Destaque Serra do Sudeste

LÍRICA BRUT
HERMANN | SERRA DO SUDESTE
(PAG. 158)

Chandon Brasil

Melhor Serra Gaúcha

ADOLFO LONA ESPECIAL TRINTA MÉTODO TRADICIONAL BRUT ROSÉ 2019

ADOLFO LONA | SERRA GAÚCHA
(PAG. 89)

Tem gostosa textura, acidez vibrante e final persistente, refinado e profundo.

Melhor Serra Gaúcha

ERA DOS VENTOS CLARETE 2021

ERA DOS VENTOS | BENTO GONÇALVES
(PAG. 137)

Por ser fluido e muito gostoso de beber, aparenta ser menos complexo do que realmente é.

Melhor Serra Gaúcha

ESTRELAS DO BRASIL NATURE CLÁSSICO
ESTRELAS DO BRASIL | NOVA PRATA E FARIA LEMOS
(PAG. 141)

Mostra frutas cítricas e brancas de perfil mais fresco em harmonia com notas especiadas, terrosas e de frutos secos.

Destaques Serra Gaúcha

ADOLFO LONA NATURE PAS DOSÉ MÉTODO TRADICIONAL
ADOLFO LONA | SERRA GAÚCHA
(PAG. 89)

MASSILIA ROSÉ DE PINOT NOIR 2021
AUDACE WINE | BENTO GONÇALVES
(PAG. 96)

Destaques Serra Gaúcha

ESTRELAS DO BRASIL BRUT CLÁSSICO
ESTRELAS DO BRASIL | NOVA PRATA E FARIA LEMOS
(PAG. 141)

ESTRELAS DO BRASIL EXTRA BRUT ROSÉ PINOT NOIR CLÁSSICO
ESTRELAS DO BRASIL | FARIA LEMOS
(PAG. 142)

ESTRELAS DO BRASIL NATURE ROSÉ PINOT NOIR CLÁSSICO
ESTRELAS DO BRASIL | FARIA LEMOS
(PAG. 142)

MAXIMO BOSCHI BIOGRAFIA BRUT ROSÉ 2015
MAXIMO BOSCHI | SERRA GAÚCHA
(PAG. 167)

Destaques Serra Gaúcha

OTTO SUR LIE NATURE
ADEGA REFINARIA | SERRA GAÚCHA
(PAG. 88)

YOO NATURE ROSÉ CLÁSSICO
YOO WINES | NOVA PRATA E FARIA LEMOS
(PAG. 216)

PEVERELLA NATURE
ERA DOS VENTOS | BENTO GONÇALVES
(PAG. 138)

ADOLFO LONA BRUT TRADICIONAL
ADOLFO LONA | SERRA GAÚCHA
(PAG. 90)

DEDICATO MÉTODO CHAMPENOISE BRUT 2018
MUNTE PASCHOAL | SERRA GAÚCHA
(PAG. 171)

FATTO A MANO SUR LIE NATURE ROSÉ 2021
CASA PEDRUCCI | SERRA GAÚCHA
(PAG. 119)

MAXIMO BOSCHI BIOGRAFIA EXTRA BRUT 2015
MAXIMO BOSCHI | SERRA GAÚCHA
(PAG. 168)

PEDRUCCI MOSCATEL ESPUMANTE 2020
CASA PEDRUCCI | SERRA GAÚCHA
(PAG. 120)

PEDRUCCI RESERVA BRUT 2019
CASA PEDRUCCI | SERRA GAÚCHA
(PAG. 120)

PEDRUCCI RESERVA NATURE 2019
CASA PEDRUCCI | SERRA GAÚCHA
(PAG. 120)

ERA DOS VENTOS MOSCATO 2020
ERA DOS VENTOS | BENTO GONÇALVES
(PAG. 138)

ERA DOS VENTOS TREBBIANO ON THE ROCK 2021
ERA DOS VENTOS | BENTO GONÇALVES
(PAG. 138)

GARIBALDI RESERVA GRAN CORTE 90 ANOS
GARIBALDI | SERRA GAÚCHA
(PAG. 147)

VEZZI PER BOSCHI GANIMEDES MOSCATEL ESPUMANTE 2019
MAXIMO BOSCHI | SERRA GAÚCHA
(PAG. 168)

VIGÉSIMA SEGUNDA NATURE CHARDONNAY
AUDACE WINE | NOVA PRATA,
CAXIAS DO SUL E FARIA LEMOS
(PAG. 97)

YOO NATURE CLÁSSICO
YOO WINES | NOVA PRATA E FARIA LEMOS
(PAG. 216)

Melhor Sudeste

GUASPARI VISTA DA SERRA SYRAH 2018
GUASPARI | ESPÍRITO SANTO DO PINHAL
(PAG. 152)

Mostra notas defumadas, de ervas e de especiarias picantes envolvendo sua fruta madura, lembrando ameixas.

Destaques Sudeste

CARVALHO BRANCO EDIÇÃO ESPECIAL 48 MESES NATURE
CARVALHO BRANCO | CALDAS
(PAG. 115)

GUASPARI VISTA DO BOSQUE VIOGNIER 2018
GUASPARI | ESPÍRITO SANTO DO PINHAL
(PAG. 152)

Melhor Vale do São Francisco

RIO SOL 8 GRAN RESERVA 2017
RIO SOL | VALE DO SÃO FRANCISCO
(PAG. 188)

Estruturado, tem taninos firmes e de boa textura, acidez refrescante e final carnudo.

Melhor Vale do São Francisco

RIO SOL GRAN RESERVA TOURIGA NACIONAL 2018
RIO SOL | VALE DO SÃO FRANCISCO
(PAG. 188)

Mostra típicas notas florais, de ervas e de especiarias doces envolvendo sua fruta lembrando ameixas.

Melhor Vale dos Vinhedos

CAVE DE PEDRA BLANC DE BLANCS BRUT

CAVE DE PEDRA | VALE DOS VINHEDOS
(PAG. 127)

Destaca-se pelo frescor, pela acidez elétrica e pela textura cremosa, além do final persistente.

Destaques Vale dos Vinhedos

130 SPECIAL EDITION BLANC DE BLANC BRUT
CASA VALDUGA | VALE DOS VINHEDOS
(PAG. 122)

CASA VALDUGA RSV MOSCATEL ESPUMANTE 2020
CASA VALDUGA | VALE DOS VINHEDOS
(PAG. 122)

PIZZATO NATURE 2018
PIZZATO | VALE DOS VINHEDOS
(PAG. 177)

PIZZATO PP SÉMILLON 2019
PIZZATO | VALE DOS VINHEDOS
(PAG. 178)

Destaques Vale dos Vinhedos

130 BRUT ROSÉ
CASA VALDUGA | VALE DOS VINHEDOS
(PAG. 122)

130 SPECIAL EDITION BLANC DE NOIR BRUT
CASA VALDUGA | VALE DOS VINHEDOS
(PAG. 123)

CAVE DE PEDRA BLANC D'NOIR EXTRA BRUT
CAVE DE PEDRA | VALE DOS VINHEDOS
(PAG. 127)

CASA VALDUGA TERROIR CHARDONNAY 2020
CASA VALDUGA | VALE DOS VINHEDOS
(PAG. 123)

Casa Valduga

Destaques Vale dos Vinhedos

PIETRA MOSCATEL ESPUMANTE
CAVE DE PEDRA | VALE DOS VINHEDOS
(PAG. 128)

PIZZATO BRUT 2018
PIZZATO | VALE DOS VINHEDOS
(PAG. 178)

PIZZATO BRUT ROSÉ 2019
PIZZATO | VALE DOS VINHEDOS
(PAG. 178)

PIZZATO VERTIGO NATURE 2019
PIZZATO | VALE DOS VINHEDOS
(PAG. 179)

PONTO NERO CULT SO2 FREE BRUT
PONTO NERO | VALE DOS VINHEDOS
(PAG. 183)

RED WINES NATURE CLÁSSICO
RED WINES | FARIA LEMOS
(PAG. 186)

PIZZATO CHARDONNAY DE CHARDONNAYS 2020
PIZZATO | VALE DOS VINHEDOS
(PAG. 178)

VINHEDOS CAPOANI GAMAY NOUVEAU 2021
VINHEDOS CAPOANI | VALE DOS VINHEDOS
(PAG. 210)

Vinícola Ferreira

OS VINHOS

ADEGA REFINARIA

Região:
Serra Gaúcha
Enólogo:
Vinicius Bortolini Cercato
Instagram: @adegarefinaria
Enoturismo: Sim

A Adega Refinaria, localizada em Bento Gonçalves, é uma loja especializada em vinhos nacionais e importados, entre eles o Otto Nature, um espumante de marca própria, 100% Chardonnay, lançado em dezembro de 2019, seguindo a tendência de produtores brasileiros de promover vinhos na categoria sur lie, ou seja, que ainda não foram separados de suas borras por meio da degola.

AD 92

Otto Sur Lie Nature

ESPUMANTE SERRA GAÚCHA $$$

Um ano a mais de contato com as leveduras aportou profundidade e complexidade a esse espumante, que mostra acidez vibrante e textura cremosa, tensa e firme, que equilibram e aportam persistência ao conjunto. Austero, tem final cheio e longo, com toques cítricos, de fermento e de frutos secos.

ADOLFO LONA

Região:
Garibaldi
Enólogo:
Adolfo Lona
Site: www.adolfolona.com.br/home
Enoturismo: Sim

Em 2004, o enólogo argentino Adolfo Lona iniciou seu projeto pessoal na região de Garibaldi. Nas suas instalações são produzidos espumantes pelos métodos Charmat e tradicional com ciclo longo de produção.

AD 93

Adolfo Lona Especial Trinta Método Tradicional Brut Rosé 2019

ESPUMANTE | SERRA GAÚCHA | **$$**

Apresenta um perfil vinoso e de frutas vermelhas e de caroço, de frutos secos, terroso e floral, que se confirmam no palato. Tem borbulhas delicadas, gostosa textura, acidez vibrante e final persistente, refinado e profundo. Um espumante gastronômico e com estrutura e volume de boca para escoltar um refeição do início ao fim.

AD 92

Adolfo Lona Nature Pas Dosé Método Tradicional

ESPUMANTE | SERRA GAÚCHA | **$$$**

Sem nenhuma concessão ao dulçor, mostra notas florais, de frutos secos e de padaria envolvendo sua fruta branca e cítrica, tudo sustentado por vibrante acidez e textura firme e cremosa. Tem final cheio e profundo, com toques terrosos, de ervas secas e de limão siciliano.

>>

AD 91

Adolfo Lona Brut Tradicional

ESPUMANTE SERRA GAÚCHA $$

Denso, cremoso e estruturado, mostra notas terrosas, de especiarias doces e de frutos secos, com sua vibrante acidez e sua textura firme, conferindo profundidade e fluidez ao vinho. Tem final cheio e persistente, com toques cítricos, de padaria e de cera de abelha.

AD 90

Adolfo Lona Merlot 2020

TINTO SERRA GAÚCHA $$

Esbanja ameixas acompanhadas de notas de ervas e de violetas, que aparecem tanto no nariz quanto na boca. Cativante e perigosamente fácil de beber, tem acidez refrescante, taninos finos e final persistente, com toques cítricos, terrosos e de amoras.

AD 89

Adolfo Lona Brut Charmat

ESPUMANTE SERRA GAÚCHA $$

Boa porta de entrada ao estilo vinoso da casa, repleto de notas de padaria e de frutos secos, tudo em meio a textura firme e cremosa e muita fruta branca e cítrica, com sua refrescante acidez trazendo equilíbrio ao conjunto e fluidez ao vinho.

AD 89

Adolfo Lona Brut Rosé Charmat

ESPUMANTE SERRA GAÚCHA $$

Cativantes aromas de frutas vermelhas e de caroço maduras, de frutos secos, terrosos e tostados, que se confirmam no palato. Em seu estilo vinoso e bem equilibrado, tem acidez afiada, gostosa textura e final refrescante e sedutor, com toques cítricos e de cascas de nozes.

AD 89

Adolfo Lona Chardonnay 2020

BRANCO | SERRA GAÚCHA | $$

De boa tipicidade, mostra frutas tropicais e de caroço maduras acompanhadas de notas florais e de ervas frescas, tudo equilibrado por ótima acidez e textura firme e cremosa. Tem final cativante e agradável, com toques cítricos e de abacaxi.

ALES VICTORIA

Região:
Vale dos Vinhedos
Enólogo:
Tiago Dal Castelli Assis
Enoturismo: Não

Ales Victoria é um projeto do casal Aldemir Dadalt e Deborah Villas-Bôas Dadalt, proprietários do hotel Spa do Vinho, reputado complexo enoturístico localizado na região do Vale dos Vinhedos. Seus primeiros vinhos chegaram ao mercado no segundo semestre de 2021.

AD 90

Ales Victoria Chardonnay 2020

BRANCO | VALE DOS VINHEDOS | $$$

Chama atenção pela acidez vibrante e pela textura firme e cremosa, que trazem equilíbrio ao conjunto e sustentação a sua fruta tropical e de caroço de perfil mais maduro. Tem final cheio e untuoso, com toques florais, de abacaxi e de especiarias doces. »

AD 89

Ales Merlot 2020

TINTO VALE DOS VINHEDOS **$$$**

Ainda jovem, chama atenção pela qualidade de fruta, pela acidez refrescante e pelos taninos firmes e de ótima textura, que trazem equilíbrio ao conjunto e ao aporte de madeira, que por enquanto aparece mais do que deveria, mas nada que uns 5 anos de garrafa não resolvam. Tem final persistente e suculento, com toques de ameixas, de violetas e de especiarias doces.

AD 89

Ales Victoria Pinot Noir 2020

TINTO VALE DOS VINHEDOS **$$$**

100% Pinot Noir, com estágio de 50% do vinho durante 12 meses em barricas. Em um estilo de maior madurez, exibe notas de frutas vermelhas, empireumáticas, de especiarias doces, ervas e florais, que se confirmam no palato. Tem acidez refrescante, taninos macios e de boa textura e final suculento, com toques de cerejas e terrosos.

ARACURI

Região:
Campos de Cima da Serra
Enóloga:
Paula Guerra Schenato
Site: www.aracuri.com.br
Enoturismo: Não

Localizada em Muitos Capões, a vinícola tem nome inspirado na palavra de origem indígena aracuri, que significa "pássaro de árvore alta". A Aracuri nasceu da paixão que seus criadores têm pelo vinho. Henrique Aliprandini e João Meyer são originalmente produtores de maçã da região de Campos de Cima da Serra.

AD 90 | Aracuri Sauvignon Blanc 2021

BRANCO | CAMPOS DE CIMA DA SERRA | $$

Mostra frutas brancas e cítricas frescas seguidas de notas florais, de ervas e de especiarias brancas, tudo sustentado por vibrante acidez, bom volume de boca e textura firme e cremosa. Tem final agradável e cativante, com toques salinos e de limão siciliano.

AD 88 | Aracuri Chardonnay 2021

BRANCO | CAMPOS DE CIMA DA SERRA | $$

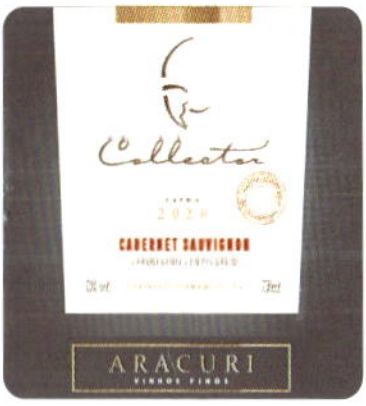

AD 88 | Aracuri Collector Cabernet Sauvignon 2020

TINTO | CAMPOS DE CIMA DA SERRA | $$$

ARTESÃ

Região:
Serra da Mantiqueira
Enóloga:
Isabela Peregrino
Site: www.vinicolaartesa.com.br
Enoturismo: Não

Os vinhos da Vinícola Artesã são produzidos exclusivamente a partir de uvas cultivadas em vinhedos próprios, localizados no município de São Gonçalo do Sapucaí, no sul do estado de Minas Gerais. Plantadas em altitudes que variam de 915 a 1.000 metros, as vinhas são conduzidas com a técnica da dupla poda.

AD 90

Mar de Morros Syrah 2020

TINTO SERRA DA MANTIQUEIRA **$$$**

De boa tipicidade varietal, é franco nos aromas e nítido nos sabores. Mostra notas florais, defumadas e de especiarias picantes envolvendo sua fruta lembrando ameixas e amoras. Tem taninos firmes e de ótima textura e boa acidez, que trazem sustentação ao conjunto.

AD 88 **Mar de Morros Sauvignon Blanc 2020**
BRANCO | SERRA DA MANTIQUEIRA | **$$$**

ARTEVIVA

Região:
Monte Belo do Sul
Enólogo:
Giovanni Ferrari
Site: www.vinicolaarteviva.com.br
Enoturismo: Não

Arteviva é um projeto do enólogo Giovanni Ferrari, descendente de imigrantes italianos que chegaram ao Brasil no final do século XIX, vindos da comuna de Isola della Scala, no Vêneto. A vinícola está localizada na região de Monte Belo do Sul, na Serra Gaúcha.

AD 89

Arteviva Sinônimos Rosé Pinot Noir Marselan 2021

ROSÉ SERRA GAÚCHA E CAMPANHA GAÚCHA **$$**

Apesar do perfil de maior madurez de fruta vermelha, tem acidez refrescante e textura firme e cremosa, que trazem certo equilíbrio ao conjunto. Tem final médio/longo, com toques de frutas brancas e de groselhas. Para o aperitivo, bem geladinho.

AD 88

Arteviva Sinônimos Blend Tinto 2021

TINTO | CAMPANHA GAÚCHA E SERRA GAÚCHA | **$$**

>>

VINHOS

AD 87

Arteviva Sinônimos Riesling 2021

BRANCO | SERRA GAÚCHA | **$$**

AUDACE WINE

Região:
Vale dos Vinhedos
Enólogo:
Alejandro Alberto Cardozo Rapetti
Site: www.audacewine.com
Enoturismo: Não

Audace Wine é uma empresa administrada pelo casal Pedro e Tássia. Fundada em 2016, a realização do projeto tomou forma com a compra das terras em Bento Gonçalves, no Vale dos Vinhedos, local onde hoje produzem seus vinhos finos e espumantes.

AD 92

Massilia Rosé de Pinot Noir 2021

ROSÉ | BENTO GONÇALVES | **$$**

Grata surpresa, mostra frutas brancas e vermelhas frescas seguidas de notas florais e de ervas, que aparecem tanto no nariz quanto na boca. Leve e cativante, tem textura firme e cremosa, ótima acidez e final persistente e agradável, com toques cítricos e de framboesas. Não se engane com ele, por ser fácil e gostoso de beber, aparenta ser menos complexo do que realmente é.

AD 91 | **Vigésima Segunda Nature Chardonnay**

ESPUMANTE NOVA PRATA, CAXIAS DO SUL E FARIA LEMOS $$

Cremoso, cativante e gostoso de beber, chama atenção pela vibrante acidez e pela textura firme e cremosa, que envolve sua fruta branca e tropical de perfil mais fresco. Tem ótimo volume de boca e final cremoso e persistente, com toques salinos, cítricos, especiados e de frutos secos.

AD 89 | **Mérula Merlot 2020**

TINTO BENTO GONÇALVES $$

Mostra notas florais, de ervas e de especiarias envolvendo sua fruta lembrando ameixas e amoras, tudo sustentado por acidez refrescante e taninos aveludados. Tem final cativante e agradável, confirmando o nariz.

AD 88 **Banja Sauvignon Gris 2021**
BRANCO | CAXIAS DO SUL | $$

AD 88 **Lágrimas do Poeta Marselan Petit Verdot 2020**
TINTO | BENTO GONÇALVES | $$

AD 88 **Sol de Maio Tannat 2020**
TINTO | CAMPANHA GAÚCHA | $$

AD 87 **Degradê Chardonnay 2021**
BRANCO | ENCRUZILHADA DO SUL | $$

AD 87 **Vosges Gewürztraminer 2021**
BRANCO | CAMPOS DE CIMA DA SERRA | $$

AURORA

Região:
Serra Gaúcha
Enólogo:
Flávio Ângelo Zilio
Site: www.vinicolaaurora.com.br
Enoturismo: Sim

A cooperativa, iniciada no começo dos anos 1930 e implantada no coração de Bento Gonçalves, tem mais de 1.100 famílias associadas, cuja produção média de 60 milhões de quilos de uvas por ano é acompanhada de perto por seus técnicos. São cerca de 2.800 hectares cultivados.

AD 91

Aurora Gioia Sur Lie 2016

ESPUMANTE PINTO BANDEIRA $$

Um ano a mais em contato com as lias fizeram muito bem a esse espumante nature, que é comercializado sem degola. Mostra textura cremosa e ótimo volume de boca, que equilibram sua fruta branca e de caroço madura, tudo envolto por refrescante acidez. Tem final persistente, com toques salinos, cítricos, de fermento e de frutos secos.

AD 90

Aurora 90 Anos

TINTO SERRA GAÚCHA $$

Tinto elaborado em comemoração aos 90 anos da Cooperativa Vinícola Aurora, é composto a partir de 50% Merlot 2018, 30% Cabernet Sauvignon 2015, 15% Tannat 2018 e 5% de Cabernet Franc também de 2018, com estágio de 12 meses em barricas de carvalho. Mostra frutas vermelhas e negras seguidas de notas florais, tostadas, de ervas, de tabaco e de especiarias doces, que se confirmam na boca. Estruturado, tem refrescante acidez e taninos de boa textura, que trazem sustentação ao conjunto e ao aporte de madeira, que, por enquanto, tem papel importante. Seu final é persistente, com toques de ameixas e de cacau.

AD 90 | Aurora Pinto Bandeira Chardonnay 2020

BRANCO | PINTO BANDEIRA | $

Fragrante e de boa tipicidade, mostra frutas tropicais, florais e ervas, que se repetem no palato. Tem um estilo de fruta madura, mas bem equilibrada com a acidez refrescante e textura cremosa, além de final médio e cheio, com notas de abacaxi e de flor de laranjeira.

AD 89 | Aurora Pequenas Partilhas Notáveis da América Cabernet Franc 2018

TINTO | SERRA GAÚCHA | $

Uma boa versão desse tinto, mostra notas florais, de ervas e de tabaco envolvendo sua fruta vermelha e negra de perfil mais fresco, que se confirma no palato. De corpo médio, tem acidez pulsante, taninos finos e de ótima textura e final suculento, com toques de ameixas.

AD 89 | Aurora Pinto Bandeira Método Tradicional 24 Meses Extra Brut

ESPUMANTE | PINTO BANDEIRA | $$

Num estilo mais vinoso e de frutas brancas e de caroço mais maduras, tem acidez refrescante e textura firme e cremosa, que trazem certo equilíbrio ao conjunto. Tem bom volume de boca e final médio/longo, com toques cítricos, de fermento e de frutos secos. »

AD 89 — Aurora Pinto Bandeira Pinot Noir 2020

TINTO | PINTO BANDEIRA | $

Mostra fruta vermelha madura acompanhada de notas terrosas, florais, de ervas, de especiarias doces e da passagem por madeira, que se confirmam na boca. De corpo médio, tem taninos de boa textura, refrescante acidez e final também médio, com toques de cerejas.

AD 89 — Aurora Reserva Cabernet Sauvignon 2019

TINTO | SERRA GAÚCHA | $

Uma ótima edição desse tinto de estilo gastronômico. Mostra frutas vermelhas e negras de perfil mais fresco, com taninos firmes e acidez pulsante, que trazem equilíbrio ao conjunto e ao aporte de madeira. Tem final médio e suculento, com toques de ervas e de especiarias doces.

AD 89 — Aurora Varietal Riesling Itálico 2020

BRANCO | SERRA GAÚCHA | $

De boa tipicidade, esse branco é uma marca registrada de consistência e de qualidade dessa linha Varietal. Mostra frutas brancas e de caroço mais maduras seguidas de notas florais e de ervas, tudo equilibrado por acidez refrescante e textura firme e cremosa.

AD 88 — **Aurora Moscatel Espumante**
ESPUMANTE | SERRA GAÚCHA | $

AD 88 — **Aurora Procedências Blanc de Noir Brut**
ESPUMANTE | TUIUTY | $

AD 88 — **Aurora Procedências Brut Rosé Pinot Noir Riesling Itálico**
ESPUMANTE | SERRA GAÚCHA | $

AD 88 | **Aurora Reserva Merlot 2019**
TINTO | SERRA GAÚCHA | $

AD 88 | **Aurora Reserva Rosé Merlot 2020**
ROSÉ | SERRA GAÚCHA | $

AD 88 | **Aurora Varietal Merlot 2020**
TINTO | SERRA GAÚCHA | $

AD 88 | **Aurora Varietal Pinot Noir 2021**
TINTO | SERRA GAÚCHA | $

AD 87 | **Aurora Brut Charmat**
ESPUMANTE | SERRA GAÚCHA | $

AD 87 | **Aurora Moscatel Rosé Espumante**
ESPUMANTE | SERRA GAÚCHA | $

AD 87 | **Aurora Prosecco Brut**
ESPUMANTE | SERRA GAÚCHA | $

AD 87 | **Aurora Reserva Tannat 2019**
TINTO | SERRA GAÚCHA | $

AD 87 | **Aurora Varietal Cabernet Sauvignon 2020**
TINTO | SERRA GAÚCHA | $

AD 87 | **Aurora Varietal Chardonnay 2021**
BRANCO | SERRA GAÚCHA | $

AD 87 | **Conde de Foucauld Brut**
ESPUMANTE | SERRA GAÚCHA | $

AD 86 | **Aurora Brut Charmat Rosé**
ESPUMANTE | SERRA GAÚCHA | $

>>

AD 86 | **Aurora Colheita Tardia Malvasia Moscato 2021**
DOCE | SERRA GAÚCHA | $

AD 86 | **Marcus James Reservado Tannat 2021**
TINTO | SERRA GAÚCHA | $

AD 86 | **Saint Germain Moscatel Espumante**
ESPUMANTE | SERRA GAÚCHA | $

AD 85 | **Aurora Espumante Demi-Sec**
ESPUMANTE | SERRA GAÚCHA | $

AD 85 | **Conde de Foucauld Brut Rosé**
ESPUMANTE | SERRA GAÚCHA | $

AD 85 | **Marcus James Reservado Cabernet Franc 2020**
TINTO | SERRA GAÚCHA | $

AD 85 | **Saint Germain Brut**
ESPUMANTE | SERRA GAÚCHA | $

AD 84 | **Conde de Foucauld Espumante Demi-Sec**
ESPUMANTE | SERRA GAÚCHA | $

AD 84 | **Saint Germain Blanc de Blancs**
BRANCO | SERRA GAÚCHA | $

AD 83 | **Saint Germain Assemblage Tinto**
TINTO | SERRA GAÚCHA | $

AD 82 | **Conde de Foucauld Demi-Sec Rosé Espumante**
ESPUMANTE | SERRA GAÚCHA | $

BATALHA VINHAS E VINHOS

Região:
Campanha Gaúcha
Enólogo:
Adolfo Lona
Site: www.batalhavinhos.com.br
Enoturismo: Sim

Unindo o idealismo às características que conferem uma vocação natural de uma região promissora para a vitivinicultura, a Batalha é fruto da união de jovens empreendedores. O nome da jovem vinícola, fundada em 2011, é uma referência ao local da propriedade, onde ocorreu a Batalha do Seival.

AD 90

Batalha Nature

ESPUMANTE | CAMPANHA GAÚCHA | $$

Austero e cremoso, tem bom volume de boca e acidez refrescante, que envolvem sua fruta branca e de caroço. Tem final cheio e persistente, com toques cítricos, de frutos secos, de ervas, de fermento e de especiarias.

AD 89

Batalha Brut

ESPUMANTE | CAMPANHA GAÚCHA | $$

Mostra frutas brancas e de caroço maduras acompanhadas de notas florais, de ervas, de fermento e de frutos secos, com sua refrescante acidez e sua textura firme e cremosa trazendo equilíbrio ao conjunto.

>>

AD 89 | **Ideologia Assemblage Rosé 2021**

ROSÉ CAMPANHA GAÚCHA **$$**

Cativante e gostoso de beber, mostra frutas vermelhas seguidas de notas florais, terrosas e de ervas, que aparecem tanto no nariz quanto na boca. De corpo médio, tem boa acidez, textura firme e final repleto de morangos.

AD 88 | **Batalha Chardonnay 2020**
BRANCO | CAMPANHA GAÚCHA | **$$**

AD 86 | **Batalha Rosé Pinot Noir 2020**
ROSÉ | CAMPANHA GAÚCHA | **$$**

BELLAQUINTA

Regiões:
São Roque e Caxias do Sul
Enólogos:
Gustavo C. Borges e Ivan Tisatto
Site: www.bellaquinta.com.br
Enoturismo: Sim

A década de 1930 marca o início da família na produção de vinhos no interior paulista, tendo como fundador Brasil de Góes. Os primeiros vinhos com o rótulo BellaQuinta, porém, começaram a ser comercializados somente na safra 2005. Atualmente, contam com tintos, brancos e espumantes elaborados com uvas tanto de Caxias do Sul como de São Roque.

AD 90

BellaQuinta Anfora Merlot Tannat 2021

TINTO	SÃO MIGUEL ARCANJO	$$$

Blend de Merlot e Tannat, com fermentação espontânea e estágio em ânforas de barro. O resultado é um tinto fresco, cheio de frutas negras seguidas de notas terrosas, de ervas e de especiarias, com sua acidez vibrante e seus taninos firmes trazendo tensão e equilíbrio ao conjunto. Para os embutidos!

AD 90

BellaQuinta Livre Sur Lie Nature 2018

ESPUMANTE	CAXIAS DO SUL	$$

Tenso e vibrante, mostra frutas cítricas acompanhadas de notas florais, de ervas e de frutos secos, com sua refrescante acidez e sua textura firme trazendo sustentação e equilíbrio ao conjunto. Tem bom volume de boca e final cremoso, com toques salinos, de padaria e de limão tahiti.

AD 90

Gávia Moscatel Espumante

ESPUMANTE	FARROUPILHA	$

De boa tipicidade, apresenta frutas brancas e cítricas, notas florais e de ervas, que aparecem tanto no nariz quanto no palato. Equilibrado, tem acidez vibrante, textura cremosa e final refrescante, com toques de limão siciliano e de maçãs.

AD 89

BellaQuinta Anfora Cabernet Franc Merlot 2021

TINTO	SÃO ROQUE E SÃO MIGUEL ARCANJO	$$$

Fluido e gostoso de beber, mostra notas terrosas, florais, de ervas e de especiarias doces envolvendo sua fruta vermelha e negra de perfil mais fresco, tudo escoltado por taninos de ótima textura e vibrante acidez.

»

AD 88 | **BellaQuinta Rosé Cabernet Franc 2021**
ROSÉ | SÃO ROQUE E SÃO MIGUEL ARCANJO | $$

AD 87 | **BellaQuinta Reserva Tannat 2018**
TINTO | CAXIAS DO SUL | $$

BERKANO

Região:
Bento Gonçalves
Site: www.berkano.com.br
Enoturismo: Não

Inaugurada em 2020, a vinícola Berkano produz vinhos a partir de uvas compradas de terceiros, cultivadas principalmente nas regiões de Garibaldi, Bento Gonçalves e Flores da Cunha.

AD 90 | **Vittra Nature Rosé**

ESPUMANTE | SERRA GAÚCHA | $$$

Cremoso, cativante e gostoso de beber, mostra frutas brancas e vermelhas de perfil mais maduro, sustentadas por acidez refrescante, textura firme e cremosa e final persistente e agradável, com toques terrosos, tostados, de fermento e de frutos secos.

AD 89 | Ouroboro Alvarinho 2020

BRANCO | SERRA GAÚCHA | $$$

Apesar do perfil de maior madurez e de maior sensação de dulçor, tem boa acidez e textura firme, que trazem certo equilíbrio ao conjunto. Seu final é cheio e suculento, com toques cítricos e de pêssegos.

AD 88 | Ostara Sauvignon Blanc Sur Lie 2020
BRANCO | SERRA GAÚCHA | $$$

BIANCO

Região:
Sul de Santa Catarina
Enólogo:
Antonio Orben Bianco
Instagram: @vinicolabianco
Enoturismo: Sim

Preservando a tradição de seus antepassados, a vinícola é um projeto da família Bianco estabelecido em 2014, no município de Orleans, na região sul de Santa Catarina. Hoje, a empresa produz doces de fruta, sucos integrais, vinhos de mesa, vinhos finos e espumantes.

>>

AD 90 | Famiglia Bianco Moscatel Espumante 2021

ESPUMANTE | VIDEIRA | $

Mostra frutas brancas e cítricas acompanhadas de notas florais e de ervas, que aparecem tanto no nariz quanto na boca, com sua acidez vibrante trazendo equilíbrio a toda sua doçura. Tem final cativante, com toques de limão siciliano e de maçãs, convidando a uma segunda taça.

AD 88 | **Altezza Chardonnay 2021**
BRANCO | SERRA GAÚCHA | $

AD 88 | **Bianco Merlot 2021**
TINTO | SERRA GAÚCHA | $

AD 87 | **Altezza Cabernet Sauvignon 2018**
TINTO | SÃO JOAQUIM | $

AD 87 | **Bianco Cabernet Sauvignon 2020**
TINTO | SERRA GAÚCHA | $

AD 86 | **Altezza Rosé Merlot Pinot Noir 2021**
ROSÉ | SERRA GAÚCHA E SERRA CATARINENSE | $

BODEGA SOSSEGO

Região:
Campanha Gaúcha
Enólogo:
Maciel Ampese
Site: www.sossego.net
Enoturismo: Não

A Bodega Sossego nasceu de um hobby cultivado pela família Ormazabal Moura na Estância do Sossego, em Uruguaiana. Em 2011, depois de completar um MBA na Inglaterra, René Ormazabal Moura deu forma ao negócio e lançou seu primeiro vinho em 2012.

AD 90 | **Camp4ña Blanc de Blancs Chardonnay Chardonnay Brut**

ESPUMANTE CAMPANHA GAÚCHA E PINTO BANDEIRA **$$**

Num perfil de maior madurez de fruta branca e cítrica madura, com sua acidez refrescante e sua textura cremosa trazendo equilíbrio ao conjunto. Gostoso de beber, tem final agradável, com toques cítricos, de fermento e de ervas.

AD 89 | **Camp4ña Chardonnay Cabernet Sauvignon Brut Rosé**

ESPUMANTE CAMPANHA GAÚCHA E PINTO BANDEIRA **$$**

Mostra morangos e maçãs seguidos de notas florais, de ervas e de especiarias doces, que aparecem tanto no nariz quanto na boca, tudo sustentado por sua acidez pulsante e sua textura cremosa. Tem final agradável, com toques terrosos, cítricos e de padaria.

AD 88 | **Camp4ña Cabernet Sauvignon 2020**
TINTO | CAMPANHA GAÚCHA | **$$**

>>

AD 88 **Camp4ña Chardonnay 2020**
BRANCO | CAMPANHA GAÚCHA | $$

AD 87 **Bodega Sossego Tinto 2021**
TINTO | CAMPANHA GAÚCHA | $$

AD 86 **Bodega Sossego Branco 2019**
BRANCO | CAMPANHA GAÚCHA | $$

AD 85 **Bodega Sossego Rosé 2021**
ROSÉ | CAMPANHA GAÚCHA | $$

BUENO WINES

Região:
Campanha Gaúcha
Enólogos:
Taiana Madeira e Roberto Cipresso
Site: www.buenowines.com.br
Enoturismo: Não

Fundada em 2010 pelo narrador esportivo Galvão Bueno, a Bueno Wines produz hoje vinhos na Campanha Gaúcha e na Toscana, Itália, todos com a assinatura do enólogo italiano Roberto Cipresso.

AD 91 — Anima Gran Reserva Merlot 2018

TINTO | CAMPANHA GAÚCHA | $$$$$

Contando com a expertise do reputado enólogo italiano Roberto Cipresso, essa é a segunda safra desse tinto elaborado exclusivamente a partir de uvas Merlot, com estágio de 24 meses em barricas novas de carvalho. Chama atenção pela refrescante acidez e pelos taninos finos, firmes e de ótima textura, que trazem sustentação a toda sua fruta de perfil mais maduro, lembrando ameixas e amoras. Tem final cheio e persistente, com toques florais, tostados, de especiarias doces, de cacau e de grafite. Ainda está jovem e deve ficar ainda melhor nos próximos 10 anos.

AD 90 — Bueno Paralelo 31 Gran Reserva 2018

TINTO | CAMPANHA GAÚCHA | $$$

Uma das melhores, senão a melhor edição desse tinto, que mostra frutas vermelhas e negras maduras seguidas de notas florais, de ervas e de especiarias doces, que se confirmam na boca. Suculento e estruturado, chama atenção pelos taninos de grãos finos e firmes, pela refrescante acidez e pelo final persistente e refinado, com toques de ameixas e de alcaçuz.

AD 88 — **Bellavista Desirée Blanc de Noir Brut**
ESPUMANTE | CAMPANHA GAÚCHA | $$$

AD 88 — **Bueno Vin Cabernet Sauvignon**
TINTO | CAMPANHA GAÚCHA | $$

AD 88 — **Bueno Vin Rosé**
ROSÉ | CAMPANHA GAÚCHA | $$

CAMPOS DE CIMA

Região:
Campanha Gaúcha
Enólogo:
Celito Guerra
Site: www.camposdecima.com.br
Enoturismo: Sim

Até 2002, Campos de Cima era uma propriedade familiar, com mais de 150 anos e tradição em pecuária. O casal Hortência e José Ayub - donos da bela fazenda em Itaqui, na região oeste da Campanha Gaúcha - mudou essa história. Possuem 15 hectares de vinhedos próprios.

AD 89

3 Bocas Branco 2021

BRANCO | CAMPANHA GAÚCHA | **$$**

Mostra frutas brancas e de caroço de perfil mais maduro seguidas de notas florais e de ervas, que se confirmam na boca, tudo sustentado por acidez refrescante, textura cremosa e final agradável, com toques cítricos, salinos e de frutos secos.

AD 89

3 Bocas Tinto 2020

TINTO | CAMPANHA GAÚCHA | **$$**

Grata surpresa, chama atenção pela qualidade de fruta vermelha madura, pela acidez refrescante e pelos taninos finos e de boa textura, que trazem equilíbrio e fluidez ao vinho. Tem final suculento, com toques terrosos, de ameixas e de especiarias doces.

AD 89

Cepas Cabernet Franc 2021

TINTO | CAMPANHA GAÚCHA | $$

Franco nos aromas e nos sabores, mostra típicas notas de ervas e de especiarias envolvendo sua fruta vermelha e negra de perfil mais maduro, com ótima acidez e taninos de boa textura, trazendo equilíbrio ao conjunto.

AD 89

Irene Antonietta Rosé 2021

ROSÉ | CAMPANHA GAÚCHA | $$

Impressiona pela boa acidez e pela textura firme e cremosa, que trazem sustentação a toda sua fruta branca e vermelha de perfil mais maduro. Tem final agradável, com toques salinos, florais, de pêssegos e de ervas.

AD 88 **Aprochego Branco**
BRANCO | CAMPANHA GAÚCHA | $$

AD 88 **Assinatura Ruby Cabernet 2020**
TINTO | CAMPANHA GAÚCHA | $$$

AD 88 **Cepas Chardonnay 2020**
BRANCO | CAMPANHA GAÚCHA | $$

AD 88 **Guriazita Rosé**
ROSÉ | CAMPANHA GAÚCHA | $$

AD 88 **Tannat Licoroso Doce**
FORTIFICADO | CAMPANHA GAÚCHA | $$$

AD 88 **Tosquia Tinto**
TINTO | CAMPANHA GAÚCHA | $$

CÁRDENAS

Região:
Serra do Sudeste
Enólogo:
João Carlos Taffarel
Site: www.vinicolacardenas.com.br
Enoturismo: Não

Jovem vinícola situada em Mariana Pimentel, grande Porto Alegre, a Cárdenas testou mais de 60 variedades de castas antes de implantar seu vinhedo e somente as mais adaptadas foram cultivadas em 16 hectares. Até agora os destaques vão para os espumantes e a Petit Verdot.

AD 89 | **Emersão Tannat 2019**

TINTO | SERRA DO SUDESTE | **$$$**

Mostra ameixas e amoras maduras seguidas de notas florais, de ervas e de especiarias doces, que se confirmam na boca. Tem acidez pulsante e taninos de ótima textura, que equilibram o aporte de madeira, que, por enquanto, aparece mais do que deveria. Nada que mais alguns anos de garrafa ou um bom pedaço de carne não resolvam.

AD 88 | **Emersão Merlot 2019**
TINTO | SERRA DO SUDESTE | **$$$**

AD 88 | **Emersão Petit Verdot 2019**
TINTO | SERRA DO SUDESTE | **$$$**

AD 88 | **Emersão Syrah 2019**
TINTO | SERRA DO SUDESTE | **$$$**

AD 87 | **Emersão Blend Tinto 2019**
TINTO | SERRA DO SUDESTE | **$$$**

CARVALHO BRANCO

Região:
Minas Gerais
Enóloga:
Isabela Peregrino
Site: www.carvalhobrancoespumantes.com
Enoturismo: Sim

Carvalho Branco é um projeto para criar um espumante no terroir da Serra da Mantiqueira, em Minas Gerais. Com uvas produzidas e vinificadas em Caldas, o espumante Carvalho Branco é feito com método tradicional e estágio em garrafa de pelo menos 24 meses sobre as borras.

AD 91

Carvalho Branco Edição Especial 48 Meses Nature

ESPUMANTE | CALDAS | **$$$**

Provamos esse espumante a primeira vez para a edição 2018/2019 desse guia e, desde então, vem se mostrando cada vez mais equilibrado, mais cremoso e mais gostoso de beber. O longo período de 48 meses em contato com sua lias harmonizou e amalgamou seus sabores, agregando complexidade e profundidade ao conjunto.

AD 90

Le Croque-Mort Petit Manseng 2020

DOCE | CALDAS | **$$$**

Grata surpresa! Branco doce de colheita tardia elaborado exclusivamente a partir de Petit Manseng. Chama atenção pela textura cremosa e pela acidez vibrante, que trazem sustentação ao conjunto e equilíbrio a sua fruta branca e de caroço de perfil mais maduro, quase em compota. Tem final persistente, com toques florais, de maçãs, de pêssegos e de frutos secos.

CASA FONTANARI

Região:
Serra Gaúcha
Enólogo:
Família Fontanari
Site: www.casafontanari.com.br
Enoturismo: Sim

A família Fontanari produz uvas na Serra Gaúcha desde a década de 1930, porém somente a partir de 2013 passou a comercializar vinhos com marca própria. Nos vinhedos da família são cultivadas 22 variedades distintas, entre elas Nebbiolo, Syrah, Marselan, Ancellotta e Trebbiano Toscano.

AD 89

Fontanari Merlot 2020

TINTO BENTO GONÇALVES **$$**

Cativante em sua rusticidade e em seu perfi gastronômico, mostra notas florais, de ervas e de especiarias doces envolvendo sua fruta lembrando ameixas e amoras de perfil mais fresco, tudo equilibrado por acidez vibrante e taninos de grãos finos. Tem final médio/longo, com toques terrosos.

AD 89

Mion Blanc de Blancs Brut 2018

ESPUMANTE PINTO BANDEIRA **$$**

Cremoso e de perfil vinoso, mostra frutas brancas e de caroço seguidas de notas terrosas, florais e de frutos secos, que aparecem tanto no nariz quanto na boca, tudo sustentado por acidez vibrante e textura firme.

AD 89

Mion Moscatel Espumante 2020

ESPUMANTE PINTO BANDEIRA $

Bem feito em seu estilo de maior madurez, mostra notas de maçãs, florais e de ervas, que se repetem no palato. Gostoso de beber, tem acidez afiada, textura cremosa e final médio e cativante.

AD 88 **Casa Fontanari Tannat 2019**
TINTO | PINTO BANDEIRA | $$$

AD 88 **Fontanari Bâtonnage Trebbiano Toscano 2020**
BRANCO | BENTO GONÇALVES | $$

AD 88 **Mion Brut Rosé 2018**
ESPUMANTE | PINTO BANDEIRA | $$

CASA GERALDO

Região:
Minas Gerais
Enólogos:
Pablo Martins Rojas e Carlos Geraldo Marcon
Site: www.casageraldo.com.br
Enoturismo: Sim

Fundada em 1969, Casa Geraldo inicia sua história com a chegada de imigrantes italianos ao Brasil. Localizada em Andradas, Minas Gerais, a propriedade é hoje a maior produtora de uvas da região e uma das maiores vinícolas do estado mineiro.

»

AD 90

Colheita de Inverno Reserva Sauvignon Blanc 2020

BRANCO | ANDRADAS | $$$

Mostra notas florais e de ervas frescas envolvendo sua fruta branca e cítrica, tudo equilibrado por textura firme e cremosa e refrescante acidez. Tem final médio/longo, com toques de maracujá e de limão siciliano.

AD 89

Casa Geraldo Tradicional Brut

ESPUMANTE | DIVINOLÂNDIA | $$

Cremoso, mostra frutas cítricas e brancas seguidas de notas florais, de ervas, de especiarias doces e de fermento, que se confirmam na boca. Tem acidez pulsante, bom volume e final agradável, com toques de frutos secos e de limão tahiti.

AD 89

Colheita de Inverno Gran Reserva Merlot 2019

TINTO | ANDRADAS | $$$

Apresenta ameixas e amoras maduras no ponto certo seguidas de notas florais, de ervas e de especiarias doces, que aparecem tanto no nariz quanto na boca. Tem acidez refrescante e taninos firmes e de grãos finos, que aportam equilíbrio ao conjunto e ao aporte de madeira, que, por enquanto, aparece mais do que deveria.

AD 89

Colheita de Inverno Gran Reserva Viognier

BRANCO | ANDRADAS | $$$

Blend das safras 2018, 2019, 2020, esse 100% Viognier mostra típicas notas florais e de frutas de caroço, equilibradas por gostosa acidez e textura cremosa. Tem final cativante, com toques amanteigados, de pêssegos e de especiarias doces.

AD 88

Três Tons Pink Blend Limited Selection
ROSÉ | SERRA GAÚCHA, DIVINOLÂNDIA E ANDRADAS | $

AD 88 | **Três Tons Red Blend Limited Selection**
TINTO | SERRA GAÚCHA E ANDRADAS | $

AD 87 | **Colheita de Inverno Moscato Colheita Tardia 2019**
DOCE | ANDRADAS | $

AD 87 | **Três Tons White Blend Limited Selection**
BRANCO | DIVINOLÂNDIA, ANDRADAS E MONTE BELO DO SUL | $

CASA PEDRUCCI

Região:
Serra Gaúcha
Enólogo:
Gilberto Pedrucci
Site: www.casapedrucci.com.br
Enoturismo: Sim

Consistente vinícola familiar comandada pelo experiente enólogo Gilberto Pedrucci, descendente de italianos. Com seu avô, ainda criança, ele teve o primeiro contato com a tradição da uva e do vinho. A Casa Pedrucci elabora principalmente espumantes pelo método tradicional.

AD 91 | **Fatto a Mano Sur Lie Nature Rosé 2021**

ESPUMANTE | SERRA GAÚCHA | $$

Esbanja framboesas e morangos acompanhados de notas terrosas, de ervas e de especiarias doces, tudo sustentado por refrescante acidez e textura firme e cremosa. Tem final cativante e frutado, que pede a companhia de embutidos.

»

AD 91

Pedrucci Moscatel Espumante 2020

ESPUMANTE | SERRA GAÚCHA | $$

Fresco e de ótima tipicidade, mostra frutas cítricas e brancas frescas, floral e ervas, tanto no nariz quanto no palato. Tem acidez vibrante, gostosa textura e final médio/longo e refrescante.

AD 91

Pedrucci Reserva Brut 2019

ESPUMANTE | SERRA GAÚCHA | $$

Apresenta notas de frutas de caroço e brancas de perfil mais maduro, florais, de frutos secos e de padaria, que se repetem no palato. Destaca-se pelo equilíbrio do conjunto, com ótima acidez, textura cremosa e final longo, com toques salinos e de flor de limoeiro.

AD 91

Pedrucci Reserva Nature 2019

ESPUMANTE | SERRA GAÚCHA | $$

Mais uma ótima edição desse Nature. Austero e sem concessão ao dulçor, mostra notas especiadas, de fermento e de especiarias doces envolvendo sua fruta branca e de caroço, tudo sustentado por ótima acidez e textura cremosa.Tem final cativante e persistente, com toques cítricos e de frutos secos.

AD 88

Occasione Brut Rosé
ESPUMANTE | SERRA GAÚCHA | $

AD 88 | **Pedrucci Blanc de Blancs Brut 2020**
ESPUMANTE | SERRA GAÚCHA | $$

AD 87 | **Occasione Brut**
ESPUMANTE | SERRA GAÚCHA | $

AD 86 | **Occasione Chardonnay Sauvignon Blanc**
BRANCO | SERRA GAÚCHA | $

AD 85 | **Occasione Rosé Pinot Noir Merlot**
ROSÉ | SERRA GAÚCHA | $

CASA VALDUGA

Regiões:
Vale dos Vinhedos, Serra do Sudeste e Campanha Gaúcha
Enólogo:
João Valduga
Site: www.casavalduga.com.br
Enoturismo: Sim

Entre os mais bem-sucedidos empreendimentos de enoturismo no Vale dos Vinhedos, a Casa Valduga nasceu da dedicação do casal Luís e Maria Valduga, alcançando o profissionalismo pelas mãos de seus filhos João, Juarez e Erielso e também de alguns dos netos.

»

AD 92

130 Special Edition Blanc de Blanc Brut

ESPUMANTE VALE DOS VINHEDOS $$$

Mais uma ótima tiragem desse espumante, que impressiona pelo equilíbrio e pela cremosidade. Mostra fruta brancas e de caroço de perfil mais fresco, seguidas de notas florais, de padaria e de especiarias doces, que aparecem tanto no nariz quanto na boca, com sua acidez e sua textura firme cremosa ditando as regras e aportando profundidade ao conjunto. Versátil, pode acompanhar uma refeição do início ao fim.

AD 92

Casa Valduga RSV Moscatel Espumante 2020

ESPUMANTE VALE DOS VINHEDOS $$

Sempre entre os melhores Moscatel Espumante do Brasil, essa é melhor edição desse vinnho que provamos até agora. É nítido nos aromas e nos sabores, esbanjando frutas brancas seguidas de notas florais, com sua acidez pulsante conferindo fluidez e equilíbrio ao conjunto. Tem final sedutor, com toques cítricos e de maçãs, convidando a mais um gole.

AD 91

130 Brut Rosé

ESPUMANTE VALE DOS VINHEDOS $$$

Consistente, sempre figura entre os melhores espumantes rosados do Brasil, nessa edição mostra frutas brancas e vermelhas mais maduras, com vibrante acidez e textura cremosa e firme trazendo sustentação ao conjunto. Fluido, cremoso e gostoso de beber, tem final refrescante, com toques florais, de ervas e de framboesas.

AD 91

130 Special Edition Blanc de Noir Brut

ESPUMANTE VALF DOS VINHEDOS $$$

Austero e estruturado, mostra frutas brancas e cítricas seguidas de notas florais, de ervas, de frutos secos e de especiarias doces, que se confirmam no palato. Mas, é na boca que merece atenção, com sua acidez pulsante, com sua textura firme e cremosa e seu final persistente e cremoso, com toques salinos e de limão siciliano.

AD 91

Casa Valduga Terroir Chardonnay 2020

BRANCO VALE DOS VINHEDOS $$

Chama atenção pela qualidade de fruta branca e de caroço madura, bem equilibrada por sua refrescante acidez e por sua textura firme e cremosa. Cativante e gostoso de beber, tem final persistente, com toques cítricos, salinos e de abacaxi.

AD 90

130 Brut

ESPUMANTE VALE DOS VINHEDOS $$$

Uma tiragem de perfil de maior madurez de fruta e de maior sensaçao de dulçor, com sua acidez vibrante e sua textura firme e cremosa aportando equilíbrio ao conjunto. Tem final complexo e cativante, com toques especiados, terrosos, de frutos secos e de fermento.

»

AD 90 | Arte Tradicional Brut 12 Meses 2019

ESPUMANTE VALE DOS VINHEDOS **$$**

Uma das melhores, senão a melhor versão desse espumante. Mostra frutas brancas e cítricas seguidas de notas florais, de ervas e de frutos secos, com sua acidez pulsante e sua textura cremosa e firme conferindo fluidez ao vinho. Uma delícia, que se bebe perigosamente fácil.

AD 90 | Casa Valduga Era SO2 Free Chardonnay 2021

BRANCO SERRA DO SUDESTE **$$$**

Mais uma ótima edição desse Chardonnay SO2 Free. Nítido nos aromas e nos sabores, esbanja frutas brancas e tropicais maduras, com sua refrescante acidez e sua textura cremosa aportando sustentação ao conjunto.Tem final suculento, com toques cítricos.

AD 90 | Casa Valduga Gran Terroir Leopoldina Chardonnay 2020

BRANCO VALE DOS VINHEDOS **$$$**

100% Chardonnay, com estágio de 10 meses em barricas de carvalho. Em um estilo maduro, apresenta boa complexidade, com frutas de caroço e tropicais, especiarias doces, floral, ervas e toques amanteigados. Estruturado e untuoso, tem acidez refrescante, textura cremosa e final cheio e longo.

AD 90

Casa Valduga Terroir Exclusivo Syrah Viognier 2020

TINTO | ENCRUZILHADA DO SUL | $$$

Grata surpresa, mostra frutas vermelhas e negras de perfil mais fresco, seguidas de notas florais, de ervas e de especiarias picantes, que se confirmam na boca. Fluido, cativante e gostoso de beber, tem acidez na medida, taninos firmes e finos e final suculento, com toques cítricos e de ameixas, que pedem a companhia de embutidos em geral.

AD 90

Casa Valduga Terroir Gewürztraminer 2021

BRANCO | SERRA DO SUDESTE | $$

Sempre consistente, mostra típicas nota florais e de especiarias brancas permeando sua fruta branca e de caroço, que se confirma na boca, tudo equilibrado por gostosa acidez e textura cremosa. Tem final cativante, com toques de lichias e de pimenta branca, que pedem a companhia de pratos da culinária oriental.

AD 89

Arte Tradicional Brut Rosé 12 Meses 2019

ESPUMANTE | VALE DOS VINHEDOS | $$

Mostra maçãs e morangos de perfil mais maduro, bem equilibrados por sua textura cremosa e sua acidez vibrante, tudo envolto por notas florais, de ervas e de especiarias doces. Tem final sedutor e cativante, com toques salinos e de limão siciliano.

>>

AD 89

Arte Tradicional Elegance 2019

ESPUMANTE | VALE DOS VINHEDOS | $$

Uma ótima safra deste espumante demi-sec, mostra notas de frutas brancas e de caroço, florais e herbáceas, que se confirmam no palato. Cativante e gostoso de beber, sua acidez dá sustentação ao delicado dulçor, além de deliciosa textura e final médio e fresco, com toques cítricos e tostados.

AD 89

Casa Valduga Terroir Exclusivo Malbec 2017

TINTO | SERRA DO SUDESTE | $$$

Tinto elaborado exclusivamente a partir de Malbec, com estágio de 8 meses em barricas de carvalho francês. Mostra fruta vermelha e negra de qualidade, madura no ponto certo. Tem acidez refrescante e taninos aveludados, que aportam certo equilíbrio ao conjunto. Tem final carnudo, com toques tostados e de chocolate.

AD 89

Casa Valduga Terroir Pinot Noir 2020

TINTO | SERRA DO SUDESTE | $$

Muito bem feito em seu estilo mais maduro, mostra notas de frutas vermelhas, empireumáticas, florais, de ervas e terrosas. No palato, a madeira aparece um pouco mais do que deveria, mas tem fruta suculenta e de qualidade, acidez refrescante, taninos macios e de ótima textura e final médio/longo.

AD 88 **Casa Valduga Origem Merlot 2019**
TINTO | VALE DOS VINHEDOS | $$

AD 88 **Naturelle Reserva Cabernet Sauvignon Marselan Merlot 2018**
TINTO | VALE DOS VINHEDOS | $$

CAVE DE PEDRA

Região:
Vale dos Vinhedos
Enólogo:
Daniel Dalla Valle
Site: www.cavedepedra.com.br
Enoturismo: Sim

A Cave de Pedra dispõe de arquitetura diferenciada, composta por três castelos. As instalações em pedra de basalto garantem a temperatura constante em 18ºC nas caves subterrâneas, espaço onde repousam os vinhos de sua exclusiva e limitada produção.

AD 93

Cave de Pedra Blanc de Blancs Brut

ESPUMANTE | VALE DOS VINHEDOS | $$$

Seguramente a melhor tiragem desse espumante 100% Chardonnay, que provamos até agora. Elaborado pelo método tradicional (36 meses em contato com as borras), exibe frutas brancas e de caroço, frutos secos, notas de panificação e discreto floral, que se confirmam no palato. Destaca-se pelo frescor, pela acidez elétrica e pela textura cremosa, além do final persistente, com toques de salinos e cítricos.

AD 91

Cave de Pedra Blanc d'Noir Extra Brut

ESPUMANTE | VALE DOS VINHEDOS | $$$

Austero nos aromas e nos sabores, aqui não há concessão ao dulçor, num espumante de textura firme, ótimo volume de boca e acidez elétrica, que envolvem sua fruta cítrica e de caroço. Cremoso, tem final persistente, com toques terrosos, de frutos secos e de limão siciliano. >>

AD 91

Pietra Moscatel Espumante

ESPUMANTE | VALE DOS VINHEDOS | $$

Impressiona pelo frescor, pela tensão e pela qualidade de fruta branca e cítrica, tudo equilibrado por acidez vibrante e textura firme, que trazem fluidez e profundidade a esse Moscatel cativante, que pede um segundo gole.

AD 90

Pietra Brut

ESPUMANTE | VALE DOS VINHEDOS | $$

Mostra frutas brancas e de caroço de perfil mais maduro seguidas de notas florais, de ervas, de frutos secos e de especiarias doces, que se confirmam na boca. Cremoso, tem bom volume, acidez refrescante e final médio/longo, com toques de fermento.

AD 90

Pietra Brut Rosé

ESPUMANTE | VALE DOS VINHEDOS | $$

Frutado, cremoso e gostoso de beber, mostra morangos envoltos por notas cítricas, terrosas e de ervas frescas, tudo sustentado por vibrante acidez, textura firme e final com toques salinos, que pedem mais um gole.

AD 90

Pietra Moscatel Rosé Espumante

ESPUMANTE | VALE DOS VINHEDOS | $$

Fácil de beber e de agradar, mostra morangos e frutas cítricas acompanhados de notas florais e de ervas frescas, que aparecem tanto no nariz quanto na boca. Tem acidez vibrante e final cremoso e refrescante, com toques salinos e de limão siciliano.

AD 89

Cave de Pedra Reserva Marselan 2018

TINTO SERRA DO SUDESTE $$$

Em um estilo de maior madurez, apresenta aromas de frutas vermelhas e negras, especiarias doces, ervas e terrosos, que se confirmam no palato. Tem boa concentração de sabor, acidez refrescante, taninos macios e final médio e saboroso, com toques de ameixas e defumados.

CAVE DI POZZA

Região:
Serra Gaúcha

Enólogo:
Alejandro Alberto Cardozo Rapetti

Site: www.cavedipozza.com.br

Enoturismo: Não

A origem do nome Cave di Pozza é uma homenagem especial à família e também a uma comunidade da região de Trento na Itália. A marca Cave di Pozza foi criada pelo prazer de reunir a família e os amigos, para brindar a vida e apreciar um bom espumante.

AD 90

Cave di Pozza Nativitá Nature

ESPUMANTE NOVA PRATA $$

Cremoso e de firme textura, mostra frutas brancas e cítricas seguidas de notas terrosas, de frutos secos, de fermento e de especiarias doces, com sua pulsante acidez trazendo sustentação ao conjunto. Tem final persistente, com toques de limão tahiti. »

AD 89 — Cave di Pozza Moscatel Espumante

ESPUMANTE | FLORES DA CUNHA | $$

De boa tipicidade e bem feito em seu estilo de fruta branca mais madura e de maior sensação de dulçor, com sua textura cremosa e sua acidez refrescante trazendo equilíbrio ao conjunto.

AD 88 — **Cave di Pozza Brut**
ESPUMANTE | FARIA LEMOS E NOVA PRATA | $$

AD 88 — **Cave di Pozza Prosecco Brut**
ESPUMANTE | MONTE BELO DO SUL | $$

AD 87 — **Cave di Pozza Brut Rosé**
ESPUMANTE | FARIA LEMOS E NOVA PRATA | $$

CAVE DO SOL

Região:
Vale dos Vinhedos
Enólogo:
Roque Piccoli
Site: www.cavedosol.com.br/inicial
Enoturismo: Sim

Cave do Sol pertence à família Passarin, cuja tradição em produzir vinhos data de 1927. Atualmente, a empresa é administrada pelo casal Arnaldo e Arlete Passarin e seus filhos. Sua produção provém de vinhedos localizados nas regiões da Serra Gaúcha, Campanha Gaúcha e Serra do Sudeste.

AD 90

Cave do Sol Brut

ESPUMANTE | SERRA GAÚCHA | $$

Espumante composto de 80% Chardonnay e 20% Pinot Noir, elaborado pelo método tradicional (36 meses em contato com as borras). Apresenta aromas de frutas brancas e de caroço de perfil mais maduro, de panificação, floral e de frutos secos, que se confirmam no palato. Tem acidez vibrante, textura cremosa e final persistente e cativante.

AD 89

Cave do Sol Marselan 2017

TINTO | SERRA GAÚCHA | $$

Suculento, mostra fruta vermelha e negra de qualidade, seguida de notas florais, de ervas e de especiarias doces, que se confirmam na boca. Tem taninos de boa textura, acidez vibrante e final com toques terrosos e de ameixas.

AD 89

Cave do Sol Merlot 2016

TINTO | SERRA GAÚCHA | $$

Tinto elaborado exclusivamente a partir de Merlot, com estágio de 6 meses em barricas de carvalho francês. Mostra fruta vermelha e negra madura de qualidade escoltada por notas florais, terrosas, de ervas e de especiarias, que se confirmam na boca. De corpo médio, tem taninos firmes e de boa textura, vibrante acidez e final também médio, com toques tostados e de ameixas.

AD 88 **Cave do Sol Cabernet Franc 2017**
TINTO | CAMPANHA GAÚCHA | $$

AD 88 **Cave do Sol Chardonnay 2020**
BRANCO | SERRA GAÚCHA | $$

AD 87 **Cave do Sol Tannat 2017**
TINTO | CAMPANHA GAÚCHA | $$

CHANDON BRASIL

Região:
Garibaldi
Enólogo:
Philippe Mevel
Site: www.chandon.com.br
Enoturismo: Sim

Em 1973, a Maison Moët & Chandon decidiu apostar no potencial vitivinícola brasileiro e inaugurou a Chandon em Garibaldi, no Rio Grande do Sul. Na região de Encruzilhada do Sul está o vinhedo mais recente da vinícola, cerca de 250 hectares, plantado em 2000. Seus vinhos são elaborados pelo método Charmat de segunda fermentação em tanques de aço.

AD 92

Chandon Excellence Magnum Lote 2 Brut 2009

@CHANDON_BRASIL

ESPUMANTE SERRA DO SUDESTE **$$$$$**

Essa é a segunda edição desse espumante branco brut (a primeira foi a de 2008), que está descansando nas caves da vinícola desde sua degola, em maio de 2011. Com mais de 10 anos em garrafa, chama atenção pela qualidade das borbulhas e pela textura firme e cremosa, tudo equilibrado por ótima acidez e final suculento, persistente e complexo, com toques salinos, cítricos, de fermento, de ervas e de frutos secos.

DON GIOVANNI

Região:
Pinto Bandeira
Enólogo:
Maciel Ampese
Site: www.dongiovanni.com.br
Enoturismo: Sim

Don Giovanni pertence à família Dreher Giovanni. Localiza-se em Pinto Bandeira, em uma das zonas mais altas da Serra Gaúcha, a 750 metros de altura onde possui 14 hectares de vinhedos, a maior parte de Pinot Noir e Chardonnay para a elaboração de espumantes.

AD 92

Don Giovanni Nature

ESPUMANTE | PINTO BANDEIRA | $$

Austero e sem nenhuma concessão ao dulçor, mostra frutas brancas e cítricas seguidas de notas florais, de ervas e de frutos secos, tudo equilibrado por pulsante acidez e textura firme e cremosa, que conferem fluidez e profundidade ao vinho. Gostoso de beber, tem final com toques de limão siciliano e de fermento, que pedem a companhia de frutos do mar.

AD 91

Don Giovanni Brut

ESPUMANTE | PINTO BANDEIRA | $$

Sempre consistente, mostra frutas brancas e de caroço envoltas por notas florais, de ervas e de especiarias, doces, com textura firme e cremosa e vibrante acidez aportando sustentação ao conjunto. Tem final persistente e agradável, com toques cítricos, de fermento, de pão doce e de frutos secos.

»

AD 90 Stravaganzza Brut

ESPUMANTE PINTO BANDEIRA **$$**

Mais uma boa edição desse espumante, que tem boa cremosidade e acidez vibrante envolvendo sua fruta branca e cítrica. Cativante e gostoso de beber, tem final com toques de frutos secos, de fermento e de limão siciliano, que convidam a uma segunda taça

AD 89 Don Giovanni Brut Rosé

ESPUMANTE PINTO BANDEIRA **$$**

Bem feito em seu estilo mais maduro, com frutas vermelhas, especiarias, floral e toques terrosos. Tem acidez afiada, gostosa textura e final médio e cativante, com notas de cerejas e cítricas.

AD 88 **Stravaganzza Espumante Demi-Sec**
ESPUMANTE | PINTO BANDEIRA | **$$**

AD 86 **Don Giovanni Rosé Pinot Noir 2020**
ROSÉ | PINTO BANDEIRA | **$$**

EDUARDO MENDONÇA

Região:
Monte Belo do Sul
Enólogo:
Eduardo Mendonça
Instagram:
@eduardomendoncavinhoartesanal
Enoturismo: Não

Eduardo Mendonça é um reconhecido produtor brasileiro na categoria dos vinhos ditos naturais. Produz uvas há 15 anos e, desde 2016, dedica-se à produção de vinhos em seu nome. Adepto da mínima intervenção, desde o campo até o engarrafamento, Mendonça busca transmitir em seus rótulos inovação e autenticidade, realçando a pureza de sua fruta.

AD 91

Eduardo Mendonça Pét-Nat Moscato Nature 2021

ESPUMANTE | MONTE BELO DO SUL | $$

Delicioso e cativante em sua rusticidade, mostra notas florais, de ervas e de especiarias doces envolvendo sua fruta lembrando maçãs e pêssegos. Tem bom volume de boca, textura cremosa e final cheio e persistente, com toques de frutos secos e de mel.

AD 90

Eduardo Mendonça Marselan 2021

TINTO | MONTE BELO DO SUL | $$

Suculento e repleto de ameixas e de cassis, impressiona pela nitidez e vivacidade de sua fruta, com sua boa acidez e seus taninos aveludados e firmes envolvendo o conjunto. Gostoso de beber, tem final com toques florais, terrosos, de ervas e de especiarias doces.

AD 90

Eduardo Mendonça Pinot Noir 2021

TINTO | MONTE BELO DO SUL | $$

Fresco, sedutor e gostoso de beber, impressiona pela qualidade de fruta vermelha fresca seguida de notas florais, terrosas, especiadas e de ervas, com refrescante acidez e taninos firmes e de grãos finos emoldurando o conjunto. Atenção com ele. Verdadeiro lobo em pele de cordeiro.

AD 89

Eduardo Mendonça Merlot 2021

TINTO | MONTE BELO DO SUL | $$

Nítido nos aromas e franco nos sabores, mostra a Merlot em pureza. Repleto de ameixas e amoras acompanhadas de notas terrosas, de » violetas e de ervas, que aparecem tanto no nariz quanto na boca, tudo sustentado por ótima acidez e taninos firmes. Uma delícia, que se bebe perigosamente fácil.

AD 89

Eduardo Mendonça Pét-Nat Prosecco Nature 2021

ESPUMANTE MONTE BELO DO SUL **$$**

Mais de boca que de nariz, chama atenção pela cremosidade e pela acidez refrescante, que trazem sustentação a sua fruta branca e de caroço.Tem final cremoso e agradável, com toques cítricos, terrosos e de maçãs.

AD 89

Eduardo Mendonça Pét-Nat Riesling Itálico Extra Brut 2021

ESPUMANTE MONTE BELO DO SUL **$$**

Cativante nos aromas e sabores, com frutas de caroço maduras, florais, especiarias e ervas. Tem gostosa textura, acidez afiada e final fresco e saboroso, com notas de pêssegos e cítricas.

AD 89

Eduardo Mendonça Riesling Itálico 2021

BRANCO MONTE BELO DO SUL **$$**

Mostra frutas brancas e de caroço maduras acompanhadas de notas florais, terrosas e de camomila, que apacerem tanto no nariz quanto na boca, tudo sustentado por acidez na medida certa e textura firme e cremosa.

ERA DOS VENTOS

Região:
Serra Gaúcha
Enólogo:
Luís Henrique Zanini
Site: www.eradosventos.com.br
Enoturismo: Não

Era dos Ventos é um projeto de Luís Henrique Zanini e mais dois sócios (Álvaro Escher, também enólogo, e Pedro Hermeto, proprietário de restaurante no Rio de Janeiro) iniciado em 2007 com o objetivo de resgatar vinhas velhas e cepas esquecidas. São adeptos da vinificação com intervenção mínima e sua produção provém principalmente de vinhedos próprios em diferentes áreas da Serra Gaúcha, que, atualmente, somam cerca de 13 hectares.

AD 93

Era dos Ventos Clarete 2021

TINTO BENTO GONÇALVES **$$$**

Essa é a terceira edição desse Clarete e se mostra ainda mais fresca e tensa que a safra 2020, esbanjando groselhas e oxicoco (cranberry) envoltos por notas florais e de ervas, com sua acidez pulsante e seus taninos firmes e de grãos finos trazendo sustentação ao conjunto. Atenção com ele! Por ser fluido e muito gostoso de beber, aparenta ser menos complexo do que realmente é. Aqui menos é muito mais.

»

AD 92 Peverella Nature

ESPUMANTE BENTO GONÇALVES **$$$$**

Espumante branco nature no estilo laranja elaborado exclusivamente a partir de Peverella, sendo 20% de uvas desidratadas (apassimento) de 2013, com estágio de 4 anos em barricas de carvalho francês, e os outros 80% da safra 2017. Depois do assemblage, é mantido 36 meses em contato com as leveduras antes da degola. Muito bem feito nesse estilo mais rústico e gastronômico, mostra acidez vibrante e textura firme e cremosa, que equilibram suas frutas brancas e de caroço maduras e em compota. Tem final tenso e persistente, com toques terrosos e cítricos.

AD 91 Era dos Ventos Moscato 2020

BRANCO BENTO GONÇALVES **$$$**

Mais de boca que de nariz, chama atenção pelo bom volume de boca, pela acidez refrescante e por sua textura firme e cremosa, que trazem tensão ao conjunto e a sua fruta branca e de caroço. Cativante, tem final com toques florais, cítricos, de umami, de ervas e de pêssegos.

AD 91 Era dos Ventos Trebbiano On The Rock 2021

BRANCO BENTO GONÇALVES **$$$**

Mais uma ótima safra desse branco no estilo laranja, mostra frutas brancas e de caroço, especiarias, ervas e toques terrosos. No palato, destaca-se pela vivacidade e textura, além da acidez vibrante e do final longo e profundo.

AD 89

Era dos Ventos Marselan 2018

TINTO BENTO GONÇALVES **$$$$**

Apresenta boa complexidade, com frutas vermelhas e negras maduras, empireumático, floral, ervas e toques terrosos, que se confirmam no palato. Gostoso de beber, tem acidez afiada, taninos volumosos e de ótima textura e final persistente.

ESTÂNCIA PARAIZO

Região:
Campanha Gaúcha
Enólogos:
Javier Gonzalez e Thomaz Zara Mercio
Site: www.estanciaparaizo.com
Enoturismo: Sim

A Estância Paraizo é uma tradicional propriedade rural da Campanha Gaúcha fundada em 1790 e gerenciada há oito gerações pela Família Mercio. Dedicada desde o seu início à pecuária e à agricultura, começou a investir a partir do ano de 2000, na silvicultura e nos vinhedos. Cultiva uvas finas das varietais Shiraz e Cabernet Sauvignon.

AD 89

Camilo Primeiro Syrah 2020

TINTO CAMPANHA GAÚCHA **$$$**

Sedutor nos aromas e franco nos sabores, mostra ameixas e amoras seguidas de notas florais, de ervas e de especiarias picantes, tudo » equilibrado por acidez refrescante e taninos de boa textura. Mais uma boa edição desse tinto, que pede a companhia de embutidos.

AD 88 | **Gaïda Brut Chardonnay**
ESPUMANTE | CAMPANHA GAÚCHA | $$

ESTRADA REAL

Região:
Minas Gerais
Enóloga:
Betzabé Galaz
Site: www.primeiraestrada.com.br
Enoturismo: Sim

Estrada Real é a pioneira na produção de vinhos finos em Minas Gerais com a técnica da dupla poda, que consiste em mudar o ciclo de maturação da uva e colheita para o outono/inverno.

AD 90 | **Primeira Estrada Chardonnay 2021**

BRANCO | CALDAS | $$$

Uma das melhores, senão a melhor versão desse vinho até o momento. De boa tipicidade, mostra frutas brancas e tropicais frescas seguidas de notas florais e de ervas, que se confirmam na boca, tudo sustentado por boa acidez e textura firme e cremosa. Tem final agradável e vibrante, com toques cítricos, de frutos secos e de abacaxi.

ESTRELAS DO BRASIL

Região:
Serra Gaúcha
Enólogos:
Irineo Dall'Agnol e Alejandro Alberto Cardozo Rapetti
Site: www.estrelasdobrasil.com.br
Enoturismo: Sim

Sob direção de dois enólogos, Irineo Dall'Agnol e Alejandro Cardozo, a Estrelas do Brasil se especializou em espumantes. Seu nome é uma homenagem a Dom Pérignon, que teria dito a frase "estou bebendo estrelas", quando criou o Champagne.

AD 93

Estrelas do Brasil Nature Clássico

ESPUMANTE NOVA PRATA E FARIA LEMOS **$$$**

Mais uma excelente tiragem desse espumante. Fluido, cremoso e muito gostoso de beber, mostra frutas cítricas e brancas de perfil mais fresco em harmonia com notas especiadas, terrosas e de frutos secos, tudo sustentado por acidez vibrante e textura cremosa. Tem final cheio e persistente, com toques tostados, de fermento e de limão siciliano.

AD 92

Estrelas do Brasil Brut Clássico

ESPUMANTE NOVA PRATA E FARIA LEMOS **$$**

Uma das melhores versões desse espumante branco brut, senão a melhor. Equilibrado, fluido, cremoso e cativante, mostra frutas brancas e de caroço envoltas por notas florais, de especiarias doces e de padaria, com sua vibrante acidez e sua textura firme trazendo equilíbrio e harmonia »

ao conjunto. Tem fnal cheio e persistente, com toques cítricos, de abacaxi e de frutos secos, convidando a mais um gole.

AD 92 | Estrelas do Brasil Extra Brut Rosé Pinot Noir Clássico

ESPUMANTE FARIA LEMOS $$

Tenso, chama atenção pela acidez vibrante e pela textura firme e cremosa, que envolve sua fruta cítrica e vermelha de perfil mais fresco. Tem final cheio e persistente, com toques salinos, cítricos, tostados e de fermento.

AD 92 | Estrelas do Brasil Nature Rosé Pinot Noir Clássico

ESPUMANTE FARIA LEMOS $$$

Mais uma ótima edição desse nature rosé. Impressiona pela cremosidade, pela acidez vibrante e pela qualidade de fruta branca e vermelha de perfil mais fresco, tudo envolto por notas terrosas, de fermento e de frutos secos, que aparecem tanto no nariz quanto na boca. Tem final profundo e persistente, com toques cítricos, de groselhas e de especiarias doces.

AD 90 | Estrelas do Brasil Moscatel Espumante

ESPUMANTE NOVA PRATA $

Em um conjunto muito bem equilibrado, apresenta as típicas notas de frutas brancas e cítricas, florais e de ervas frescas. Gostoso de beber, tem acidez vibrante, textura firme e cremosa e final fresco e cativante, com notas de limão siciliano.

AD 90

Estrelas do Brasil Riesling Itálico ISV1 Brut

ESPUMANTE | NOVA PRATA | $

Outra ótima tiragem desse espumante refrescante e pleno de frutas brancas e cítricas seguidas de notas florais e de ervas. Tem boa acidez, textura cremosa e final com toques salinos, de maçãs e de limão tahiti.

AD 89

Estrelas do Brasil Brut

ESPUMANTE | NOVA PRATA E FARIA LEMOS | $

Leve, frutado e fácil de beber, mostra notas florais, de ervas e de padaria envolvendo sua fruta branca e de caroço de perfil mais maduro, tudo equilibrado por acidez na medida certa e textura cremosa. Tem final agradável, com toques cítricos, pedindo a companhia de peixes brancos em geral.

AD 89

Estrelas do Brasil Prosecco Brut

ESPUMANTE | FARIA LEMOS | $

Sedutor e gostoso de beber, mostra típicas notas florais e de ervas envolvendo sua fruta lembrando maçãs, com vibrante acidez e textura cremosa aportando equilíbrio ao conjunto.

AD 89

Monte Vino Sauvignon Blanc 2021

BRANCO | NOVA PRATA | $

Fragrante e de boa tipicidade, mostra frutas tropicais e cítricas, ervas e floral, seguidas por discretas notas de pedra de isqueiro. Tem bom volume de boca, acidez vibrante, gostosa textura e final refrescante, com notas de toranja e de flor de limoeiro.

>>

AD 88 | **Estrelas do Brasil Prosecco Brut Rosé**
ESPUMANTE | FARIA LEMOS | $

AD 88 | **Monte Vino Pinot Noir Rosé 2021**
ROSÉ | FARIA LEMOS | $

AD 88 | **Monte Vino Viognier 2021**
BRANCO | FARIA LEMOS | $

FAMÍLIA LEMOS DE ALMEIDA

Região:
Campos de Cima da Serra
Enólogo:
Delto Garibaldi
Site: www.familialemosdealmeida.com.br
Enoturismo: Sim

Situada em Muitos Capões, a vinícola Família Lemos de Almeida cultiva, em uma área de 12 hectares, as castas francesas Pinot Noir, Chardonnay, Merlot e Sauvignon Blanc e as portuguesas Touriga Nacional, Tinta Roriz, Alvarinho e Verdelho. Desde 2016, a empresa produz 100% de seus vinhos a partir de vinhedos próprios, atingindo cerca de 100 mil garrafas por ano.

AD 89 | **Capella dos Campos Merlot 2020**

TINTO | CAMPOS DE CIMA DA SERRA | $$

Mostra perfil de maior madurez de fruta vermelha, lembrando groselhas e ameixas, mas com sua acidez refrescante e seus taninos de boa textura trazendo equilíbrio ao conjunto. Tem final cativante, com toques terrosos. Aqui menos é mais.

AD 89

Família Lemos de Almeida Chardonnay 2019

BRANCO | CAMPOS DE CIMA DA SERRA | $$

Apresenta frutas tropicais e de caroço seguidas de notas florais e de ervas, que se confirmam na boca. Tem acidez vibrante e textura firme e cremosa, que trazem equilíbrio ao conjunto e ao aporte de madeira, que aparece, por enquanto, mais do que deveria.

AD 89

Família Lemos de Almeida Pinot Noir 2019

TINTO | CAMPOS DE CIMA DA SERRA | $$$

As notas florais, de ervas e de especiarias doces aparecm envolvendo sua fruta vermelha madura. Chama atenção pela refrescante acidez, pelos taninos firmes e de boa textura e pelo final cheio e tenso, com toques terrosos, especiados e de cerejas.

AD 88 **Família Lemos de Almeida Merlot 2017**
TINTO | CAMPOS DE CIMA DA SERRA | $$

FERREIRA

Região:
Campos do Jordão e Minas Gerais
Enóloga:
Isabela Peregrino
Site:www.vinicolaferreira.com
Enoturismo: Sim

O empresário Dormovil Ferreira fundou a vinícola, batizada com o seu sobrenome, em 2011, quando iniciou o plantio de 225 videiras de Merlot em Campos do Jordão. Hoje, a produção da empresa »

provém também de uvas cultivadas na região de Piranguçu, em Minas Gerais. Em ambas regiões, os vinhedos estão plantados a mais de 1.600 metros de altitude.

AD 90 | **Arcanum da Serra 2020**

TINTO | CAMPOS DO JORDÃO | $$$$

Fluido e cativante, mostra um estilo velha escola, que privilegia fruta madura (não sobremadura) e maciez de textura, com sua boa acidez conferindo equilíbrio ao conjunto. Tem final médio/longo, com toques terrosos, de ameixas e de especiarias doces.

AD 89 | **São Bernardo Gran Corte 2019**

TINTO | CAMPOS DO JORDÃO | $$$$

Redondo e gostoso de beber, tem taninos firmes e de grãos finos e refrescante acidez, que trazem sustentação a sua fruta vermelha madura e ao aporte de madeira. Tem final suculento, com toques terrosos, especiados e de couro.

GARIBALDI

Região:
Serra Gaúcha
Enólogo:
Ricardo Morari
Site: www.vinicolagaribaldi.com.br
Enoturismo: Sim

No dia 22 de janeiro de 1931, Monteiro de Barros coordenou a reunião que resultou na criação da Cooperativa Agrícola Garibaldi, com 73 associados. Hoje, a empresa conta com 400 famílias associadas e uma área de 32 mil metros quadrados de construção e capacidade de processamento que ultrapassa os 20 milhões de quilos.

AD 91

Garibaldi Reserva Gran Corte 90 Anos

TINTO SERRA GAÚCHA **$$$**

Tinto composto de 60% Tannat, 20% Merlot, 10% Ancellotta e 10% Marselan, com estágio de 8 meses em barricas de carvalho francês. Potente, chama atenção pela acidez elétrica e pelos taninos firmes, que trazem sustentação a toda sua estrutura e a sua fruta vermelha e negra madura, conferindo certa fluidez ao vinho e equilíbrio ao conjunto. Tem final carnudo e persistente, com toques florais, terrosos, de amoras, de ervas e de especiarias. Ainda está jovem e deve ficar ainda melhor nos próximos 10 anos.

AD 90

Garibaldi 90 Anos Extra Brut

ESPUMANTE SERRA GAÚCHA **$$$**

Espumante branco extra brut composto de Chardonnay e Pinot Noir, elaborado pelo método Charmat e mantido 18 meses em contato com as leveduras antes de ser engarrafado. Cremoso e refrescante, mostra frutas brancas e de caroço seguidas de notas florais, de ervas, de padaria e de especiarias doces, tudo equilibrado por acidez vibrante, bom volume de boca e final agradável e persistente, com toques salinos, de limão siciliano e de frutos secos.

>>

AD 90 Garibaldi VG Brut Rosé

ESPUMANTE SERRA GAÚCHA $$

Cremoso e atraente, mostra fruta branca e vermelha de qualidade, envoltas por notas terrosas, de ervas e de especiarias doces, que se confirmam na boca. Tem bom volume, refrescante acidez, textura cremosa e final médio/longo, com toques de maçãs e de morangos.

AD 89 Garibaldi Acordes Chardonnay 2020

BRANCO SERRA GAÚCHA $$

Exuberante nos aromas, mostra notas florais, de ervas e de especiarias doces envolvendo sua fruta branca e de caroço madura no ponto certo, tudo equilibrado por acidez refrescante e textura cremosa. Tem final com toques amanteigados e de abacaxi.

AD 89 Garibaldi Acordes Merlot 2018

TINTO SERRA GAÚCHA $$

De boa tipicidade, mostra notas florais, de ervas e de especiarias doces envolvendo sua fruta lembrando ameixas e amoras. De corpo médio, tem ótima acidez, taninos aveludados e final também médio, com toques terrosos e de tabaco.

AD 89 Garibaldi Moscatel Espumante

ESPUMANTE SERRA GAÚCHA $

Fresco e vibrante, mostra bom equilíbrio entre seu dulçor de fruta branca madura e sua ótima acidez, tudo envolto por notas florais e de ervas. Tem final cremoso e agradável, com toques de maçãs e de limão siciliano.

AD 89

Garibaldi Moscatel Rosé Espumante

ESPUMANTE | SERRA GAÚCHA | $

Gostoso de beber e no perfi de maior madurez de fruta vermelha, mostra morangos e notas florais, tudo equilibrado por refrescante acidez, textura cremosa e final agradável, com toques cítricos e de maçãs.

AD 89

Garibaldi VG Extra Brut

ESPUMANTE | SERRA GAÚCHA | $$

Cativante nos aromas, mostra notas florais, de padaria e de frutos secos, que envolvem sua fruta branca e de caroço. No palato, tem bom volume, gostosa cremosidade e final cativante, confirmando o nariz. Mais uma boa edição desse espumante.

AD 88
Garibaldi Brut Chardonnay
ESPUMANTE | SERRA GAÚCHA | $

AD 88
Garibaldi Brut Rosé Pinot Noir
ESPUMANTE | SERRA GAÚCHA | $

AD 88
Garibaldi Reserva Cabernet Sauvignon 2020
TINTO | SERRA GAÚCHA | $

AD 88
Garibaldi Reserva Merlot 2020
TINTO | SERRA GAÚCHA | $

AD 88
Garibaldi Terroir Chardonnay 2021
BRANCO | SERRA GAÚCHA | $

AD 87
Garibaldi Prosecco Brut
ESPUMANTE | SERRA GAÚCHA | $

AD 87
Garibaldi Terroir Rosé Pinot Noir 2021
ROSÉ | SERRA GAÚCHA | $

>>

AD 87 **Garibaldi Vero Brut Rosé**
ESPUMANTE | SERRA GAÚCHA | $

AD 87 **Granja União Riesling Seco**
BRANCO | SERRA GAÚCHA | $

AD 86 **Garibaldi Prosecco Brut Rosé**
ESPUMANTE | SERRA GAÚCHA | $

AD 86 **Granja União Rosé Merlot**
ROSÉ | SERRA GAÚCHA | $

AD 85 **Garibaldi Vero Demi-Sec Rosé**
ESPUMANTE | SERRA GAÚCHA | $

GUAHYBA ESTATE WINES

Região:
Porto Alegre
Enólogo:
Alejandro Alberto Cardozo Rapetti
Site: www.guahyba.com.br
Enoturismo: Sim

Criada em 2015 por Luis Wulff, a vinícola busca, na região de Guaíba, Rio Grande do Sul, a máxima expressão de um terroir rico em história e berço da Revolução Farroupilha. Desde o plantio, a propriedade investiu em mudas provenientes da Europa, fruto de parcerias com empresas da Itália e Suíça. A menos de 30 minutos do centro de Porto Alegre, Guahyba Estate Wines conta com infraestrutura para hospedagem, um centro de degustações e treinamentos e um restaurante com deque e vista para o vinhedo.

AD 91

Revolução Alvarinho 2021

BRANCO | PORTO ALEGRE | $$$

Mais uma ótima safra desse branco. Mostra típicas notas florais, de ervas e de frutos secos envolvendo sua fruta lembrando pêssegos e peras. Impressiona pela tensão e verticalidade do conjunto, tudo sustentado por acidez vibrante, textura cremosa e final persistente, com toques cítricos, que convidam a mais um gole.

GUASPARI

Região:
Espírito Santo do Pinhal
Enólogo:
Gustavo Gonzalez
Site: https://loja.vinicolaguaspari.com.br
Enoturismo: Sim

A Guaspari é fruto do espírito empreendedor da família de mesmo nome, que se dedicou a transformar em vinícola uma antiga fazenda de café situada em Espírito Santo do Pinhal, São Paulo. O projeto utiliza-se da transferência da safra para o inverno por meio da poda invertida.

>>

AD 93 — Guaspari Vista da Serra Syrah 2018

TINTO | ESPÍRITO SANTO DO PINHAL | $$$

A melhor edição desse Syrah provada por esse guia até agora, mostra notas defumadas, de ervas e de especiarias picantes envolvendo sua fruta madura, lembrando ameixas. Mas, é na boca que merece atenção, com seus taninos firmes e de grãos finos e sua refrescante acidez, que conferem equilíbrio ao seu perfil de maior madurez e certa tensão ao conjunto. Encorpado, tem final carnudo e persistente, pedindo a companhia de carnes vermelhas ensopadas.

AD 91 — Guaspari Vista do Bosque Viognier 2018

BRANCO | ESPÍRITO SANTO DO PINHAL | $$$

O tempo de garrafa fez bem a esse vinho. Provado a primeira vez no final de 2020 e agora, em agosto de 2021, mostra a madeira mais bem integrada, com sua ótima acidez e sua textura firme, trazendo equilíbrio e sustentação a sua fruta branca e de caroço de perfil mais maduro. De boa tipicidade, tem final cremoso e cheio, com toques florais, amanteigados, de pêssegos e de especiarias doces.

AD 90 — Guaspari Vista da Mata Cabernet Franc Cabernet Sauvignon 2017

TINTO | ESPÍRITO SANTO DO PINHAL | $$$

Muito bem feito no estilo de maior concentração e madurez de fruta vermelha e negra madura, tem acidez refrescante e taninos tensos e de grãos finos, que trazem sustentação ao conjunto e conferem profundidade ao vinho. Tem final persistente e untuoso, com toques florais, de tabaco, de ervas e de especiarias. Ainda está jovem e tem tudo para ficar ainda melhor no decorrer dos próximos 5 anos.

GUATAMBU

Região:
Campanha Gaúcha
Enólogos:
Gabriela Hermann Pötter e Alejandro Alberto Cardozo Rapetti
Site: www.guatambuvinhos.com.br
Enoturismo: Sim

Contando com a administração familiar e visando diversificar seus produtos, a cinquentenária Estância Guatambu, tradicional empresa de agronegócios, iniciou, em 2003, o projeto de produção de uvas viníferas em Dom Pedrito. Dez anos depois, inaugurou sua estância enoturística.

AD 92

Isadora Edição II Nature

ESPUMANTE | CAMPANHA GAÚCHA | $$$

Nessa segunda edição, esse nature rosé mostra-se mais austero e vertical, com suas frutas brancas e cítricas de perfil mais fresco equilibradas por acidez pulsante e textura firme e cremosa. Tem final cativante, com toques tostados, terrosos de fermento, de oxicoco (cranberry) e de limão siciliano.

AD 91

Épico Edição VI

TINTO | CAMPANHA GAÚCHA | $$$$

Mais uma ótima versão desse tinto, que nessa Edição VI é um blend das safras 2018, 2019 e 2020. Chama atenção pelos taninos firmes e finos e pela acidez refrescante, que equilibram sua concentração de fruta e seu perfil mais opulento e estruturado, conferindo certa fluidez ao vinho. A passagem por madeira traz notas especiadas, tostadas e de cacau. Ainda está jovem e tem tudo para ficar ainda melhor nos próximos 10 anos.

>>

AD 91

Lendas do Pampa Tannat 2020

TINTO | CAMPANHA GAÚCHA | $$$

Apresenta perfil de maior madurez de fruta vermelha e negra e de maior sensação de dulçor, com acidez refrescante e taninos firmes e de grãos finos trazendo equilíbrio ao conjunto. Tem final cheio e persistente, com toques florais, terrosos, de ervas e de especiarias doces, que pedem a companhia de carnes vermelhas grelhadas.

AD 91

Lendas do Pampa Tempranillo 2020

TINTO | CAMPANHA GAÚCHA | $$$

Uma ótima edição desse 100% Tempranillo, que mostra ótima tipicidade varietal, com suas notas terrosas, florais e de ervas envolvendo sua fruta lembrando cerejas, groselhas e amoras. Estruturado e fluido, tem taninos finos e de ótima textura, acidez refrescante e final persistente, com toques especiados.

AD 91

Rastros do Pampa Tannat 2021

TINTO | CAMPANHA GAÚCHA | $$

Sempre consistente, esbanja ameixas e amoras de perfil mais fresco acompanhadas de notas florais, de ervas e de especiarias. Mas, é na boca que merece atenção, com seus taninos tensos e de grãos finos, seu ótimo volume, sua acidez vibrante e seu final persistente e vertical, confirmando o nariz. Nítido, fluido e preciso, aqui, menos é muito mais.

AD 90

Guatambu Blanc de Blancs Nature

ESPUMANTE | CAMPANHA GAÚCHA | $$

Cremoso, tem acidez refrescante e textura firme, que trazem equilíbrio ao conjunto e ao perfil de maior madurez de sua fruta branca e cítrica. Tem final cativante, que pede a companhia de pescados brancos.

AD 90

Guatambu Brut Reserva

ESPUMANTE | CAMPANHA GAÚCHA | $$

Mostra frutas brancas e de caroço maduras seguidas de notas florais, de ervas e de padaria, tudo equilibrado por textura firme e cremosa e refrescante acidez. Tem final cremoso e persistente, com toques cítricos, salinos e de maçãs.

AD 90

Lendas do Pampa Cabernet Sauvignon 2020

TINTO | CAMPANHA GAÚCHA | $$$

De boa complexidade, apresenta frutas negras de perfil mais fresco, empireumático, balsâmico, floral e ervas finas. No palato, a madeira tem papel mais importante que deveria, talvez pela juventude do vinho, mas bem acompanhada por uma fruta saborosa e de qualidade. Tem acidez afiada, taninos firmes e de boa textura e final persistente, com notas de ameixas pretas e de menta.

AD 90

Luar do Pampa Rosé Cabernet Sauvignon Tempranillo 2021

ROSÉ | CAMPANHA GAÚCHA | $$

Sedutor nos aromas e cativante nos sabores, mostra notas florais e de ervas envolvendo sua fruta branca e vermelha, tudo equilibrado por textura firme e cremosa e refrescante acidez. De corpo médio e fácil de agradar, tem final também médio, com toques cítricos, de morangos e de umami.

AD 90

Rastros do Pampa Merlot 2021

TINTO | CAMPANHA GAÚCHA | $$

Direto, frutado, fluido e muito gostoso de beber, mostra frutas vermelhas e negras de perfil mais fresco, seguidas de notas florais, especiadas e de ervas frescas, tudo sustentado por ótima acidez e taninos de boa textura. Tem final cativante, com toques de ameixas, que pedem a companhia de embutidos.

>>

AD 90 **Rastros do Pampa Pinot Noir 2021**

TINTO CAMPANHA GAÚCHA $$

De boa expressão varietal, mostra ótimo meio de boca, acidez vibrante e taninos firmes e de grãos finos, que trazem sustentação conjunto e a sua fruta, lembrando cerejas e groselhas. Tem final médio/longo, com toques terrosos, de ervas e de especiarias. Surpreende pelo perfil tenso e nítido de sua fruta vermelha de perfil mais fresco.

AD 89 **Guatambu Blanc de Blancs Extra Brut**

ESPUMANTE CAMPANHA GAÚCHA $$

Uma versão com maior madurez de fruta e volume de boca, aqui bem equilibrada por sua acidez e textura, o que confere certa fluidez ao vinho. Tem final cheio e persistente, com toques florais, especiados e de padaria.

AD 89 **Guatambu Brut Rosé 2020**

ESPUMANTE CAMPANHA GAÚCHA $$

Exuberante e sedutor, mostra frutas vermelhas e de caroço maduras, floral e ervas, que se repetem no palato. Gostoso de beber, tem acidez vibrante, textura cremosa e final refrescante, com notas de cerejas e cítricas.

AD 89 **Guatambu Free Brut 2021**

ESPUMANTE SERRA GAÚCHA $$

Mais uma boa versão desse espumante 100% Viognier, que esbanja volume de boca e madurez de fruta branca e de caroço, tudo equilibrado por boa acidez e textura cremosa. Tem final cativante, com toques cítricos e de frutos secos.

AD 89

Luar do Pampa Gewürztraminer 2021

BRANCO | CAMPANHA GAÚCHA | $$

Esbanja tipicidade e mostra notas florais, de ervas e de especiarias picantes envolvendo sua fruta branca e de caroço de perfil mais fresco, tudo equilibrado por ótima acidez e textura cremosa. Tem final com toques de cítricos.

AD 89

Luar do Pampa Sauvignon Blanc 2021

BRANCO | CAMPANHA GAÚCHA | $$

Mostra notas de ervas envolvendo sua fruta lembrando cítricos e maracujá, que aparecem tanto no nariz quanto na boca. Refrescante, tem ótima acidez, boa textura e final com toques salinos e de limão tahiti.

AD 88 **Da Estância Chardonnay Gewürztraminer Sauvignon Blanc 2021**
BRANCO | CAMPANHA GAÚCHA | $$

AD 88 **Luar do Pampa Chardonnay 2021**
BRANCO | CAMPANHA GAÚCHA | $$

AD 88 **Mysterius Intuição Prosecco Brut**
ESPUMANTE | MONTE BELO DO SUL | $

AD 87 **Mysterius Veraz Cabernet Sauvignon Tempranillo Tannat**
TINTO | CAMPANHA GAÚCHA | $

HERMANN

Região:
Pinheiro Machado
Enólogos:
Átila Zavarizze e Maike Rosa
Site: www.vinicolahermann.com.br
Enoturismo: Não

Acreditando no potencial da Serra do Sudeste, a família Hermann reuniu seu know-how como proprietária de uma importadora de vinhos e passou a produzir os seus próprios produtos. Desde 2009, cuida de vinhedos que começaram a ser plantados em 2001.

AD 92

Lírica Crua

ESPUMANTE | SERRA DO SUDESTE | $$

Apresenta perlage fino e intenso. Seus aromas e sabores de panificação, de frutos secos, de frutas brancas maduras e tostados, realçados pela acidez vibrante e textura cremosa, integram um conjunto complexo e profundo. Tem final de boca persistente e refinado, com toques salinos e cítricos.

AD 91

Lírica Brut

ESPUMANTE | SERRA DO SUDESTE | $$

Mais uma ótima edição desse espumante brut. Tem acidez refrescante e textura firme e cremosa, que aportam equilíbrio ao conjunto e sustentam sua fruta branca e de caroço de perfil mais maduro e de maior sensação de dulçor. Fluido e gostoso de beber, tem final cativante, com toques cítricos, de maçãs e de frutos secos.

AD 90

Lírica Brut Rosé

ESPUMANTE SERRA DO SUDESTE **$$$**

Cremoso e gostoso de beber, mostra fruta branca e vermelha seguida de notas terrosas, de ervas e de especiarias, tudo envolto por refrescante acidez e textura firme, que aportam sustentação e fluidez ao conjunto.

AD 90

Matiz Alvarinho 2018

BRANCO SERRA DO SUDESTE **$$**

Outra boa safra desse branco, mostra frutas brancas e de caroço de perfil mais maduro, acompanhadas de notas florais, de ervas e de especiarias doces, tudo sustentado por textura firme e cremosa e refrescante acidez. Tem final cheio e persistente, com toques cítricos, de pêssegos e de frutos secos.

LEONE DI VENEZIA

Região:
São Joaquim
Enólogo:
Saul Bianco
Site: www.leonedivenezia.com.br
Enoturismo: Sim

Uma vinícola no estilo italiano em terroir de altitude, em Morro Agudo, São Joaquim. Pela origem da família e os estudos realizados na Itália, a escolha foi pelas variedades italianas. As instalações de vinificação, bem como a arquitetura, também seguem o estilo italiano.

AD 91

Pien di Sàssi Montepulciano Sangiovese 2019

TINTO | SÃO JOAQUIM | **$$$**

Corte tinto composto de Sangiovese (sem passagem por madeira) e Montepulciano (com estágio de 8 meses em barricas). Exibe notas de frutas vermelhas maduras, empireumáticas, balsâmicas, de especiarias doces e de ervas, que se confirmam no palato. Tem bom volume de boca, acidez refrescante, taninos macios e de ótima textura e final persistente, com toques de ameixas, de sangue e de alcaçuz.

AD 90

Leone di Venezia Rialto 2020

BRANCO | SÃO JOAQUIM | **$$**

Sempre consistente e cativante, mostra frutas brancas e de caroço maduras seguidas de notas florais e de ervas frescas, tudo equilibrado por vibrante acidez e textura firme e cremosa.

AD 90

Leone di Venezia Sangiovese 2019

TINTO | SÃO JOAQUIM | $$

Bem elaborado e repleto de tipicidade, mostra notas florais, terrosas, de ervas e de especarias envolvendo sua fruta lembrando cerejas e framboesas. Mas, é na boca que merece anteção, com sua ótima acidez, seus taninos firmes e arenosos e seu final suculento e cativante, que pede uma segunda taça.

AD 89

Leone di Venezia Pregiato Brut

ESPUMANTE | SÃO JOAQUIM | $$

Mostra frutas brancas e cítricas acompanhadas de notas florais e de ervas, com sua vibrante acidez e sua textura cremosa aportando equilíbrio ao conjunto e ao seu perfil de maior sensação de dulçor. Tem final cativante e refrescante, com toques de limão siciliano.

AD 88 **Leone di Venezia Palladio 2018**
TINTO | SÃO JOAQUIM | **$$$**

LOVATEL

Região:
Serra Gaúcha
Enólogo:
Jhonatan Lovatel
Site: www.vinicolalovatel.com.br
Enoturismo: Sim

A família Lovatel iniciou o cultivo de videiras através de seu patriarca Giuseppe Lovatel, vindo da Itália. Em 1979, seus filhos e netos fundaram a empresa e, atualmente, elaboram sucos de uva, vinhos de mesa, vinhos finos e espumantes.

AD 89 | **Giuseppe Lovatel Brut Rosé Método Tradicional 2020**

ESPUMANTE | SERRA GAÚCHA | $$

Mostra perfil de frutas brancas e vermelhas maduras acompanhadas de notas florais, terrosas, de especiarias doces e de fermento, tudo equilibrado por gostosa acidez e textura firme e cremosa.

AD 89 | **Lovatel Moscatel Espumante**

ESPUMANTE | SERRA GAÚCHA | $

Fresco, de boa tipicidade e gostoso de beber, mostra frutas brancas acompanhadas de notas florais, com vibrante acidez trazendo equilíbrio ao conjunto.Tem final agradável, com toques cítricos, que convidam a mais um gole.

AD 88 | **Lovatel Brut Glera**
ESPUMANTE | SERRA GAÚCHA | $

AD 88 | **Lovatel Moscatel Rosé Espumante**
ESPUMANTE | SERRA GAÚCHA | $

AD 87 | **Giuseppe Lovatel Merlot 2019**
TINTO | SERRA GAÚCHA | $

AD 86 | **Giuseppe Lovatel Pinot Noir 2021**
TINTO | SERRA GAÚCHA | $

AD 86 | **Giuseppe Lovatel Sauvignon Blanc 2021**
BRANCO | CAMPOS DE CIMA DA SERRA E SERRA GAÚCHA | $

AD 84 | **Giuseppe Lovatel Chardonnay 2020**
BRANCO | CAMPANHA GAÚCHA | $

LUIZ ARGENTA

Região:
Altos Montes
Enólogo:
Edegar Scortegagna
Site: www.luizargenta.com.br
Enoturismo: Sim

Os vinhedos ocupam o terreno da histórica vinícola Rio-grandense, a primeira a fazer varietais no Brasil. Eles foram adquiridos em 1999 por Deunir Luís e Itacir Neco Argenta, que, em homenagem ao patriarca, construíram uma moderna cantina de arquitetura singular.

AD 92 | **Luiz Argenta Cave Merlot 2012**

TINTO | ALTOS MONTES | $$$

Apresenta notas terrosas, de violetas, de ervas e de especiarias envolvendo sua fruta lembrando ameixas e amoras, tudo sustentado por acidez pulsante e taninos firmes e de grãos finos. Equilibrado e muito gostoso de beber, tem final com toques de grafite e de alcaçuz, que pedem a companhia de carne de cordeiro.

AD 91 | **L.A. Jovem Gewürztraminer 2021**

BRANCO | ALTOS MONTES | $$$

Fragrante e sedutor, destaca-se pela ótima tipicidade, com notas de lichias e de toranja de perfil mais maduro, florais e de especiarias. Tem ótima textura, acidez afiada e final médio/longo, com toques salinos e de flor de laranjeira.

>>

AD 91

L.A. Jovem Ripiano 2021

BRANCO | ALTOS MONTES | $$$

Fresco, cativante e muito gostoso de beber, chama atenção pela textura firme e cremosa e pela acidez refrescante, que envolvem toda sua fruta lembrando pêras, pêssegos e maçãs. Tem final persistente, com toques florais, de ervas e de especiarias brancas.

AD 91

L.A. Jovem Rosé 2021

ROSÉ | ALTOS MONTES | $$$

Essa é outra consistente edição desse rosado composto de Shiraz e de Pinot Noir. Mostra madurez de fruta branca e vermelha bem equilibrada por acidez vibrante e textura firme e cremosa. Cativante e muito gostoso de beber, tem bom volume de boca e final persistente, com toques florais, de ervas, de limão siciliano e de cerejas.

AD 91

L.A. Jovem Sauvignon Blanc 2021

BRANCO | ALTOS MONTES | $$$

Talvez, uma das melhores, senão a melhor safra desse branco até o momento. Mostra notas de ervas, de flores e de especiarias envolvendo sua fruta lembrando maçãs e limões. Tenso e refrescante, tem ótima acidez, textura firme e final persistente, com toques salinos e cítricos.

AD 91

Luiz Argenta Cave Sauvignon Blanc 2018

BRANCO | ALTOS MONTES | $$$

Essa é a segunda safra desse Cave Sauvignon Blanc. Fruto de uma safra privilegiada em termos de clima, a passagem de 24 meses em barricas de carvalho contribui para aportar estrutura, cremosidade e notas de especiarias doces ao conjunto, mas sem se sobrepor a sua fruta branca e cítrica de perfil mais maduro. Tem final cheio e persistente, com toques florais, amanteigados e de ervas, que pedem a companhia de peixes brancos mais gordurosos.

AD 90

L.A. Jovem Riesling 2021

BRANCO	ALTOS MONTES	$$$

Sempre consistente, apresenta frutas brancas seguidas de notas florais e de ervas, que aparecem tanto no nariz quanto na boca, tudo sustentado por refrescante acidez e textura cremosa. Fluido e gostoso de beber, tem bom volume de boca e final médio/longo, com toques de maçã e de limão siciliano.

AD 90

Luiz Argenta Cabernet Franc 2017

TINTO	ALTOS MONTES	$$$

Suculento e de boa tipicidade, mostra notas de ervas, de especiarias picantes e de tabaco envolvendo sua fruta madura lembrando ameixas e amoras, com acidez refrescante e taninos tensos e finos trazendo equilíbrio e sustentação ao conjunto.

AD 90

Luiz Argenta Corte Marselan Ancellota Merlot 2017

TINTO	ALTOS MONTES	$$$

Encorpado e de perfil gastronômico, tem acidez pulsante e taninos firmes e arenosos sustentando sua fruta vermelha e negra madura no ponto certo. Tem final cheio e persistente, com toques terrosos, de ervas secas, de especiarias doces e de ameixas, pedindo a companhia de massas ao molho tipo ragu.

AD 89

L.A. Clássico Pinot Noir 2021

TINTO	ALTOS MONTES	$$

Tenso e de boa complexidade, mostra frutas vermelhas frescas, floral, especiarias, ervas e toques terrosos, que se confirmam no palato. Tem acidez vibrante, taninos macios e de ótima textura e final médio/longo.

>>

AD 89 — Luiz Argenta Cave Merlot 2017

TINTO | ALTOS MONTES | **$$$**

Apresenta notas florais, de ervas e de especiarias doces seguidas de ameixas, com sua ótima acidez e seus taninos firmes trazendo equilíbrio ao conjunto. Tem final agradável, com toques terrossos e e de ervas, que pedem a companhia de carnes vermelhas ensopadas.

MARIA MARIA

Região:
Sul de Minas Gerais
Enóloga:
Isabela Peregrino
Site: www.vinhosmariamaria.com.br
Enoturismo: Sim

Os vinhedos foram implantados em 2009, na fazenda Capetinga sobre o regime de dupla poda para a produção de vinhos finos. Entre as variedades plantadas estão a Syrah, Cabernet Sauvignon, Sauvignon Blanc e Chardonnay.

AD 89 — Maria Maria Donita Gran Reserva Syrah Cabernet Sauvignon 2017

TINTO | BOA ESPERANÇA | **$$$**

Estruturado, tem taninos firmes e de ótima textura e refrescante acidez, que conferem sustentação ao aporte de madeira e a toda sua fruta vermelha e negra madura. Tem final carnudo, com toques florais, de ervas, de cacau e de especiarias doces.

AD 89

Maria Maria Fátima Syrah 2020

TINTO | BOA ESPERANÇA | $$$

Mostra ameixas e amoras maduras equilibradas por boa acidez e taninos firmes e de grãos finos, tudo em meio a notas florais, de ervas e de especiarias picantes, típicas da cepa. Tem final persistente e suculento, com toques terrosos e defumados.

MAXIMO BOSCHI

Região:
Vale dos Vinhedos
Enólogo:
Daniel Dalla Valle
Site: www.maximoboschi.com.br
Enoturismo: Sim

A vinícola é fruto da sociedade dos experientes enólogos Renato Savaris e Daniel Dalla Valle e tem como proposta elaborar vinhos de qualidade e que tenham condiçoes de evoluir muito bem com o tempo. Além disso, reverte parte de seu faturamento em benefício de causas sociais.

AD 92

Maximo Boschi Biografia Brut Rosé 2015

ESPUMANTE | SERRA GAÚCHA | $$$

Tenso e vibrante, mostra frutas brancas e vermelhas de perfil mais maduro, mas bem sustentadas por textura firme e cremosa e refrescante acidez. Franco nos aromas e nítido nos sabores, tem final persistente e » complexo, com toques terrosos, de ervas, de framboesas, de limão, de padaria e de frutos secos.

AD 91

Maximo Boschi Biografia Extra Brut 2015

ESPUMANTE | SERRA GAÚCHA | **$$$**

Cremoso e muito gostoso de beber, mostra frutas brancas e de caroço seguidas de notas florais, de ervas e de especiarias, que se confirmam na boca, tudo equilibrado por acidez pulsante e textura tensa e cremosa. Tem final cheio e persistente, com toques de limão siciliano, de fermento e de frutos secos.

AD 91

Vezzi per Boschi Ganimedes Moscatel Espumante 2019

ESPUMANTE | SERRA GAÚCHA | **$**

Sempre entre os melhores Moscatel Espumante do Brasil, é fresco, cativante e muito gostoso de beber, mostra maçãs seguidas de notas florais e de ervas frescas, que aparecem tanto no nariz quanto na boca. Tem acidez vibrante, textura cremosa e final com toques salinos e de limão siciliano.

AD 90

Maximo Boschi Biografia Brut 2015

ESPUMANTE | SERRA GAÚCHA | **$$$**

Em um estilo vinoso, mostra notas de frutas brancas e cítricas, de frutos secos, de panificação e terrosas. No palato, a acidez afiada dá equilíbrio ao delicado dulçor, além de textura cremosa e final médio/longo, com toques de casca de limão e salinos.

AD 89

Maximo Boschi Biografia Chardonnay 2015

BRANCO | CAMPANHA GAÚCHA | **$$$**

Apresenta frutas tropicais e brancas maduras, especiarias doces, floral e ervas, que se repetem no palato. Cheio e untuoso, tem acidez refrescante, textura cremosa e final médio/longo.

AD 89

Vezzi Boschi Vênus Rosé 2020

ROSÉ | SERRA GAÚCHA | **$$**

Fresco e gostoso de beber, tem acidez vibrante e textura firme e cremosa, que envolvem sua fruta branca e vermelha madura no ponto certo. Tem final agradável, com toques de framboesas e de limão siciliano.

AD 88 | **Vezzi Boschi Calisto Cabernet Sauvignon 2020**
TINTO | SERRA GAÚCHA | **$$**

AD 88 | **Vezzi Boschi Temisto Merlot 2020**
TINTO | SERRA GAÚCHA | **$$**

MIORANZA

Região:
Altos Montes
Enólogo:
Delto Garibaldi
Site: www.mioranza.com
Enoturismo: Não

Fundada em 1964, a Mioranza está localizada em Flores da Cunha, região de Altos Montes, que possui Indicação de Procedência (IP). A maioria das uvas utilizadas na vinificação é proveniente de vinhedos próprios, localizados dentro da IP.

>>

AD 89 Rio Bravo Moscatel Espumante

ESPUMANTE ALTOS MONTES $

Mostra notas florais e de ervas frescas envolvendo sua fruta branca e de caroço madura no ponto certo, tudo equilibrado por gostosa acidez e textura cremosa. Tem final cativante, com toques salinos e cítricos.

AD 88 **Rio Bravo Brut**
ESPUMANTE | ALTOS MONTES | $

AD 87 **Rio Bravo Brut Rosé**
ESPUMANTE | ALTOS MONTES | $

AD 86 **Alvise Reserva Chardonnay 2020**
BRANCO | ALTOS MONTES | $$

MONTE PASCHOAL

Região:
Serra Gaúcha
Enólogo:
Magnos Basso
Site: www.montepaschoal.com.br
Enoturismo: Sim

A Monte Paschoal (Basso Vinhos e Espumantes) é uma empresa tradicional, que começou na década de 1940 com Hermindo Basso, sob o nome de Cantina Rural, em Farroupilha. Hoje trabalha com duas linhas distintas, a mais sofisticada é a Monte Paschoal.

AD 92 | Monte Paschoal Moscatel Rosé Espumante

ESPUMANTE FARROUPILHA $

Mais uma excelente versão desse Moscatel Rosé, mostra frutas brancas e cítricas de perfil mais fresco, seguidas por notas herbáceas e florais, que se confirmam no palato. Cativante e gostoso de beber, tem ótima acidez, textura cremosa e final com toques cítricos e de morangos.

AD 91 | Dedicato Método Champenoise Brut 2018

ESPUMANTE SERRA GAÚCHA $$

Cremoso, tem bom volume de boca, acidez refrescante e textura firme, que envolvem e trazem equilíbrio a toda sua fruta branca e de caroço de perfil mais maduro. Tem final cheio e persistente, com toques terrosos, de fermento, de frutos secos e de especiarias doces.

AD 90 | Monte Paschoal Moscatel Espumante

ESPUMANTE FARROUPILHA $

Um Moscatel de carteirinha, sempre entre os melhores do Brasil, mostra notas florais e de ervas envolvendo sua fruta branca fresca, tudo equilibrado por ótima acidez, textura cremosa e final agradável, com toques cítricos, que convidam a uma segunda taça.

»

AD 89

Monte Paschoal Cuvée Premium Prosecco Brut

ESPUMANTE SERRA GAÚCHA $

Uma das melhores tiragens desse espumante, mostra frutas brancas e cítricas de perfil mais fresco, seguidas de notas florais e de ervas, tudo equilibrado por vibrante acidez e textura firme e cremosa. Para o aperitivo, bem geladinho.

AD 87

Monte Paschoal Cuvée Premium Brut

ESPUMANTE | SERRA GAÚCHA | $

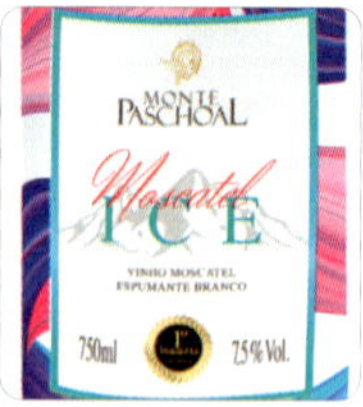

AD 87

Monte Paschoal Moscatel Ice Espumante

ESPUMANTE | FARROUPILHA | $

AD 86

Monte Paschoal Cuvée Premium Brut Rosé

ESPUMANTE | SERRA GAÚCHA | $

NOVA ALIANÇA

Regiões:
Serra Gaúcha e Campanha Gaúcha
Enólogo:
Anderson Felten
Site: www.novaalianca.coop.br
Enoturismo: Não

A Cooperativa Nova Aliança une a experiência de tradicionais cooperativas vitivinícolas da Serra Gaúcha. Desde 2013, a produção de suco e o envase de vinhos e de espumantes estão concentrados na nova sede da empresa, em Flores da Cunha, que conta com uma propriedade de 24 mil metros quadrados e capacidade para processar até 60 milhões de quilos de uva por ano.

AD 90

Cerro da Cruz Champenoise Brut

ESPUMANTE | CAMPANHA GAÚCHA | $$$

Cremoso e fácil de agradar, mostra notas florais, de ervas e de frutos secos envolvendo sua fruta branca e de caroço, tudo sustentado por refrescante acidez, textura cremosa e final agradável, com toques cítricos e de fermento.

AD 89

Cerro da Cruz Chardonnay 2017

BRANCO | CAMPANHA GAÚCHA | $$$

Apresenta frutas tropicais e de caroço de perfil mais maduro, com sua refrescante acidez e a textura firme trazendo certo equilíbrio ao conjunto. Tem bom volume de boca e final cremoso, com toques de abacaxi em calda e de especiarias doces.

AD 88

Aliança Brut
ESPUMANTE | CAMPANHA GAÚCHA | $

AD 88 | **Aliança Edição Limitada Chardonnay 2020**
BRANCO | CAMPANHA GAÚCHA | **$$**

PENZO

Região:
Serra Gaúcha
Enólogo:
Flávio Penzo
instagram: @vinhos.penzo
Enoturismo: Não

O enólogo Flávio Luiz Penzo tem seu trabalho focado na viticultura, especialmente na área de viveiros. Desde 2015, ele produz seus próprios vinhos, principalmente a partir de uvas adquiridas de diversos vinhedos do sul do Brasil. Hoje, sua produção é de aproximadamente 600 garrafas.

AD 92 | **Ministério dos Prazeres de Bacco Pinot Noir 2020**

TINTO | VACARIA | **$$$**

Grata surpresa, mostra fruta vermelha lembrando cerejas e framboesas de perfil mais maduro, mas muito bem equilibradas por taninos firmes e finos e refrescante acidez. Tem final suculento e persistente, com toques terrosos, de ervas e de groselhas. Aqui menos é muito mais.

AD 89

Suelly Nervosa Sur Lie Brut 2020

ESPUMANTE SÃO VALENTIM DO SUL $$$

Fresco, frutado e cativante, chama atenção pela textura firme e cremosa e pela acidez vibrante, que equilibram sua fruta branca e de caroço madura. Tem final agradável, com toques florais e de frutos secos.

PERICÓ

Região:
Serra Catarinense
Enólogo:
Jefferson Sancineto Nunes
Site: www.vinicolaperico.com.br
Enoturismo: Sim

A vinícola Pericó foi fundada em 2002, no município de São Joaquim, em Santa Catarina. Seu vinhedo está localizado em um dos pontos mais altos do estado catarinense, no Vale do Pericó, a 1.300 metros de altitude.

AD 90

Pericó Cave Moscatel Espumante 2019

ESPUMANTE SÃO JOAQUIM $$

Uma ótima e fresca versão desse espumante, que esbanja frutas brancas maduras, bem equilibradas por refrescante acidez, textura cremosa e final saboroso, repleto de maçãs, de limão e de toques salinos.

>>

AD 89 Equação Cabernet Sauvignon 2018

TINTO | SÃO JOAQUIM | $$

Redondo e gostoso de beber, mostra ameixas seguidas de notas terrosas, florais e de ervas, que aparecem tanto no nariz quanto na boca, tudo sustentado por taninos firmes e de boa textura e refrescante acidez.

AD 88 Juliette Brut
ESPUMANTE | SÃO JOAQUIM | $$

AD 88 Plume Chardonnay 2020
BRANCO | SÃO JOAQUIM | $$$

AD 87 Juliette Brut Rosé
ESPUMANTE | SÃO JOAQUIM | $$

AD 87 Juliette Moscatel Espumante
ESPUMANTE | SÃO JOAQUIM | $$

PETERLONGO

Região:
Serra Gaúcha
Enóloga:
Deise Tempass
Site: www.peterlongo.com.br
Enoturismo: Sim

Uma das mais antigas vinícolas brasileiras, a Peterlongo - fundada em 1915 pelo imigrante italiano Manoel Peterlongo - tem o privilégio de ter sido a primeira empresa do Brasil a fazer espumantes pelo método tradicional.

AD 89

Sintonia Terroirs & Castas 2018

TINTO SERRA DO SUDESTE E CAMPANHA GAÚCHA **$$$**

Blend de 27% Teroldego, 27% Merlot, 18% Ancelotta, 14% Cabernet Sauvigno e 14% Tannat, com estágio de 18 meses em barricas de carvalho francês. Estruturado e untuoso, mostra ameixas e amoras maduras seguidas de notas terrosas, florais, de ervas e de especiarias doces, que aparecem tanto no nariz quanto na boca. Chama atenção pelos taninos firmes e finos, pela refrescante acidez e pelo final carnudo e persistente, com toques de tabaco e de alcaçuz.

PIZZATO

Região:
Vale dos Vinhedos
Enólogo:
Flávio Pizzato
Site: www.pizzato.net
Enoturismo: Sim

Vinícola familiar que nasceu das mãos de Plínio Pizzato, vinicultor experiente e rigoroso, e da dedicação de seus quatro filhos e sua esposa. Com a cantina reformada e modernizada e os vinhedos impecáveis, trabalha seriamente nos mercados interno e externo.

AD 92

Pizzato Nature 2018

ESPUMANTE VALE DOS VINHEDOS **$$$**

Tenso, austero e vibrante, impressiona pela qualidade de fruta branca e cítrica seguida de notas florais, de ervas, de fermento e de frutos secos, tudo sustentado por acidez pulsante e textura tensa e cremosa. »

Tem final cheio e persistente, com toques salinos, de padaria e de limão siciliano.

AD 92

Pizzato PP Sémillon 2019

BRANCO | VALE DOS VINHEDOS | $$$

Sem dúvidas, a melhor edição desse branco untuoso e tenso, mostra frutas brancas e de caroço maduras escoltadas por notas florais, de ervas e de especiarias, que aparecem tanto no nariz quanto na boca. Impressiona pela textura firme e cremosa e pela acidez refrescante, que conferem sustentação e profundidade ao vinho. Tem final cheio e persistente, com toques de peras, de lima e de frutos secos.

AD 91

Pizzato Brut 2018

ESPUMANTE | VALE DOS VINHEDOS | $$

Sempre consistente, essa é mais uma ótima safra desse espumante. Mostra notas frutadas, tostadas, florais, de ervas, de especiarais doces e de fermento em harmonia com sua vibrante acidez e sua textura firme e cremosa. Tem final untuoso, com toques salinos, cítricos e de frutos secos.

AD 91

Pizzato Brut Rosé 2019

ESPUMANTE | VALE DOS VINHEDOS | $$

De boa complexidade, apresenta notas de frutas brancas e vermelhas maduras, florais, de ervas e terrosas. Tem bom volume de boca, acidez vibrante, textura cremosa, final persistente e suculento, com toques salinos e cítricos.

AD 91

Pizzato Chardonnay de Chardonnays 2020

BRANCO | VALE DOS VINHEDOS | $$$

Constantemente figurando entre os melhores brancos brasileiros, essa é mais uma ótima edição desse vinho, que mostra frutas brancas e tropicais de perfil mais maduro, com sua acidez refrescante e sua textura firme trazendo equilíbrio ao conjunto. Tem final cativante, com toques de limão siciliano e de abacaxi.

AD 91

Pizzato Vertigo Nature 2019

ESPUMANTE VALE DOS VINHEDOS **$$$**

Mais uma ótima tiragem desse espumante sur lie repleto frutas tropicais e de caroço, bem equilibradas por acidez refrescante e textura firme e cremosa. Tem final tenso, com toques salinos, cítricos e de caju,

AD 90

Fausto Brut Rosé

ESPUMANTE SERRA GAÚCHA **$$**

Esbanja frutas brancas e vermelhas de perfil mais fresco equilibradas por acidez vibrante e textura firme e cremosa, tudo envolto por notas terrosas, especiadas e de fermento. Gostoso de beber e fácil de agradar é companhia ideal para uma tábua de embutidos.

AD 90

Fausto Chardonnay 2021

BRANCO SERRA GAÚCHA **$$**

Branco elaborado exclusivamente a partir de Chardonnay, sem passagem por madeira. Outra ótima edição desse vinho, que mostra frutas brancas e tropicais frescas acompanhadas de notas florais e de ervas, tudo equilibrado por vibrante acidez, textura firme e cremosa e final agradável e persistente, com toques cítricos, de maçãs e de abacaxi.

AD 90

Fausto Merlot 2020

TINTO SERRA GAÚCHA **$$**

Repleto de tipicidade, mostra notas de violetas e de ervas envolvendo sua fruta lembrando ameixas e amoras maduras, com sua acidez refrescante e seus taninos firmes e de boa textura trazendo equilíbrio ao conjunto. Tem final suculento e cativante, convidando a uma segunda taça.

»

AD 90

Fausto Tannat 2019

TINTO | SERRA GAÚCHA | $$

Tinto elaborado exclusivamente a partir de uvas Tannat cultivadas em Dr. Fausto de Castro, na Serra Gaúcha, com estágio de 10 meses em barricas usadas de carvalho. Uma ótima versão desse vinho, que tem textura firme e vibrante acidez, que trazem sustentação e equilíbrio a toda sua fruta negra e vermelha de perfil mais maduro. Tem final cheio e persistente, com toques terrosos, de ervas e de ameixas.

AD 90

Pizzato Sangue de Verdade Egiodola Reserva 2018

TINTO | VALE DOS VINHEDOS | $$$

Delicioso em sua rusticidade e em sua força, mostra taninos firmes e granulados, que trazem sustentação a toda sua fruta vermelha madura, tudo permeado por boa acidez e notas terrosas e de especiarias doces. Gastronômico por natureza, pede a companhia de carnes vermelhas cozidas em seu próprio molho.

AD 89

Fausto Brut

ESPUMANTE | SERRA GAÚCHA | $$

Cremoso, cativante e gostoso de beber, mostra frutas brancas de perfil mais maduro, bem equlibradas por sua refrescante acidez. Para o aperitivo, de preferência na companhia de pescados brancos.

AD 89

Fausto Merlot Rosé 2021

ROSÉ | SERRA GAÚCHA | $$

Rosado elaborado exclusivamente a partir de Merlot, sem passagem por madeira. Fresco, vibrante e gostoso de beber, chama atenção pela acidez pulsante e pela textura cremosa, que trazem fluidez ao vinho e envolvem sua fruta vermelha lembrando morangos e groselhas. Tem final cativante, com toques salinos, especiados e cítricos.

AD 89

Pizzato Concentus Gran Reserva Merlot Tannat Cabernet Sauvignon 2017

TINTO VALE DOS VINHEDOS $$$

Predominam as notas empireumáticas e de frutas negras maduras, seguidas por balsâmicas, de especiarias doces e terrosas, que se repetem no palato. Suculento e concentrado, tem acidez afiada, taninos intensos e de boa textura e final longo, com toques de ameixas pretas e de cacau.

AD 89

Pizzato Legno Chardonnay 2020

BRANCO VALE DOS VINHEDOS $$$

De perfil mais maduro e cheio, mostra frutas tropicais e brancas, especiarias doces, floral e toques amanteigados, que se confirmam no palato. Tem acidez refrescante, textura cremosa e final persistente, com notas de abacaxi e de baunilha.

AD 89

Pizzato Merlot de Merlots Reserva 2018

TINTO VALE DOS VINHEDOS $$$

Bem feito no seu estilo de maior concentração e madurez de fruta, com sua ótima acidez e seus taninos finos e firmes, trazendo sustentação ao conjunto e ao aporte de madeira, que, por enquanto, aparece mais do que deveria. Para as carnes vermelhas ensopadas.

AD 89

Pizzato Nervi Tannat Reserva 2018

TINTO VALE DOS VINHEDOS $$$

Apesar da madeira aparecer mais do que deveria, tanto no nariz quanto no palato, mostra fruta de qualidade, lembrando ameixas pretas e cassis, acompanhada por notas de especiarias doces, cacau e toques defumados. Em seu estilo mais maduro e concentrado, tem acidez refrescante, taninos numerosos e de boa textura e final » longo.

AD 89

Pizzato PP Sémillon 2018

BRANCO | VALE DOS VINHEDOS | $$$

Em um estilo de maior madurez, mostra notas de frutas brancas e de caroço, de especiarias doces, florais, de ervas e de mel. Cheio e untuoso, tem acidez refrescante, textura cremosa e final persistente, com notas de frutos secos e de camomila.

AD 89

Pizzato Sauvignon Blanc 2021

BRANCO | VALE DOS VINHEDOS | $$

Apresenta frutas brancas e cítricas de perfil mais maduro sustentadas por acidez refrescante e textura firme e cremosa, tudo em meio a notas florais e de ervas frescas. Para o aperitivo!

AD 89

Pizzato Veludo Azul Reserva Alicante Bouschet 2018

TINTO | VALE DOS VINHEDOS | $$$

Uma interpretação amável e mais acessível da variedade, com seus taninos firmes e sua acidez pulsante aparecendo acalmadas e domadas pela madurez de sua fruta negra e pelo aporte da madeira. Para as carnes vermelhas mais gordurosas.

AD 88 **Fausto Cabernet Sauvignon 2020**
TINTO | SERRA GAÚCHA | $$

AD 88 **Fausto Cabernet Sauvignon 2019**
TINTO | SERRA GAÚCHA | $$

AD 88 **Fausto Espumante Demi-Sec**
ESPUMANTE | SERRA GAÚCHA | $$

AD 88 **Pizzato Cerchio Reserva Cabernet Sauvignon 2018**
TINTO | VALE DOS VINHEDOS | $$$

AD 87 | **Fausto Violette Merlot Cabernet Sauvignon Alicante Bouschet**
TINTO | SERRA GAÚCHA | $

PONTO NERO

Região:
Vale dos Vinhedos
Enólogo:
Daniel Dalla Valle
Site: www.pontonero.com.br
Enoturismo: Sim

Pertence ao grupo Famiglia Valduga, a Ponto Nero foi criada especialmente para fazer espumantes pelo método Charmat, uma vez que os produtos da casa-mãe são de método tradicional.

AD 91 | **Ponto Nero Cult SO2 Free Brut**

ESPUMANTE | VALE DOS VINHEDOS | $$

Outra ótima edição desse espumante sem adição de SO2. Franco nos aromas e nos sabores, alia magistralmente frescor de fruta branca, com notas de padaria e de fermento, tudo equilibrado por acidez vibrante e cremosa textura. Tem final agradável, com toques cítricos e de frutos secos.

>>

AD 90

Ponto Nero Cult Brut Rosé

ESPUMANTE VALE DOS VINHEDOS $$

Acessível e repleto de fruta branca e vermelha madura, tem acidez refrescante e textura firme e cremosa, que trazem equilíbrio ao conjunto e fluidez ao vinho. Tem final sedutor, com toques cítricos, de morangos e de maçãs.

AD 90

Ponto Nero Cult S02 Free Brut Rosé

ESPUMANTE VALE DOS VINHEDOS $$

Nítido nos aromas e nos sabores, mostra notas florais e de ervas envolvendo sua fruta branca e de caroço madura, tudo equilibrado por acidez refrescante, textura firme cremosa e final tenso e cativante, com toques cítricos, salinos, de ervas e de framboesas.

AD 90

Ponto Nero Live Celebration Moscatel Rosé Espumante

ESPUMANTE VALE DOS VINHEDOS $

Destaca-se pela franqueza de sua fruta, com aromas de cerejas e de limão siciliano de perfil mais fresco e florais. Tem acidez vibrante, textura cremosa e final refrescante, com toques de maçãs e salinos.

AD 89

Ponto Nero Cult Brut

ESPUMANTE VALE DOS VINHEDOS $$

Cheio de frutas brancas e de caroço acompanhadas de notas florais, de ervas e de especiarias doces, que se confirmam na boca. Gostoso de beber, tem acidez na medida, bom volume de boca e final com toques cítricos, de padaria e de maçãs.

AD 89

Ponto Nero Enjoy Brut Gewürztraminer

ESPUMANTE | SERRA DO SUDESTE | $$

Em um estilo mais maduro, mostra os típicos aromas da Gewürztraminer, com lichia, floral e pimenta branca, que se confirmam no palato, tudo bem sustentado por ótima acidez, textura cremosa e final fresco e cativante.

AD 89

Ponto Nero Live Celebration Brut

ESPUMANTE | VALE DOS VINHEDOS | $

Sempre consistente e cativante, mostra frutas brancas e de caroço acompanhadas de notas florais e de ervas, tudo equilibrado por refrescante acidez e textura cremosa. Tem final com toques cítricos e de fermento, que convidam a uma segunda taça.

AD 89

Ponto Nero Live Celebration Brut Rosé

ESPUMANTE | VALE DOS VINHEDOS | $

Apresenta frutas brancas e vermelhas de perfil mais maduro, bem equilibrado por sua refrescante acidez. Cremoso e fácil de beber e de agradar, tem final cativante, com toques cítricos e de morangos.

AD 89

Ponto Nero Live Celebration Glera

ESPUMANTE | VALE DOS VINHEDOS | $

Entre as melhores versões desse espumante, senão a melhor. De boa tipicidade, mostra frutas brancas de perfil mais maduro bem equilibradas por acidez refrescante e textura cremosa. Tem final agradável, com toques cítricos e de maçãs convidando a uma segunda taça.

VINHOS

AD 89

Ponto Nero Live Celebration Moscatel Espumante

ESPUMANTE | VALE DOS VINHEDOS | $

Fragrante e de boa tipicidade, essa é outra ótima versão desse Moscatel, com notas de frutas brancas, de ervas e florais, que se confirmam no palato. Tem acidez afiada, gostosa textura e final cativante, com toques cítricos.

RED WINES

Região:
Caxias do Sul
Enólogo:
Alejandro Alberto Cardozo Rapetti
Instagram: @redwinesbr
Enoturismo: Não

Com a assessoria do uruguaio Alejandro Cardozo, a Red Wines elabora vinhos e espumantes com foco em vinho para festas e eventos, inclusive fazendo rótulos exclusivos, sob encomenda. Em sua linha, contam com garrafas metalizadas e também um espumante com flocos de ouro.

AD 91

Red Wines Nature Clássico

ESPUMANTE | FARIA LEMOS | $$$

Essa é mais uma boa edição desse espumante nature, apresenta fruta fresca e de qualidade, acompanhada por notas florais, de fermento, de frutos secos e de ervas. Destaca-se pela acidez vibrante e pela cremosidade, além de final longo e profundo.

AD 89

Red Wines Moscatel Espumante

ESPUMANTE | FLORES DA CUNHA | $$

Repleto de tipicidade e bem feito em seu estilo de fruta branca mais madura e de maior sensação de dulçor, com sua textura cremosa e sua acidez refrescante trazendo equilíbrio ao conjunto.

AD 88 **Célia Maria Flores Sauvignon Blanc 2021**
BRANCO | CAXIAS DO SUL | $

AD 88 **Red Wines Luxury Brut Rosé**
ESPUMANTE | CAMPOS DE CIMA DA SERRA E NOVA PRATA | $$

AD 88 **Red Wines Luxury Prosecco Brut**
ESPUMANTE | MONTE BELO DO SUL | $$

AD 88 **Red Wines Rosé Pinot Noir 2021**
ROSÉ | CAXIAS DO SUL | $

AD 88 **Red Wines Viognier 2021**
BRANCO | CAXIAS DO SUL | $

AD 87 **Red Wines Luxury Brut**
ESPUMANTE | NOVA PRATA | $$

RIO SOL

Região:
Vale do São Francisco
Enólogo:
Ricardo Henriques
Site: www.vinhosriosol.com.br
Enoturismo: Sim

Localizada no paralelo 8 Sul, em pleno Vale do São Francisco, trata-se de um projeto inovador, em que o clima quente e seco durante todo o ano consegue obter uvas finas durante todo o ano.

AD 90

Rio Sol 8 Gran Reserva 2017

TINTO | VALE DO SÃO FRANCISCO | $$$

Mostra notas terrosas, florais e de especiarias envolvendo sua fruta negra de perfil mais maduro. Estruturado, tem taninos firmes e de boa textura, acidez refrescante e final carnudo, com toques de ameixas, de tabaco e de cacau.

AD 90

Rio Sol Gran Reserva Touriga Nacional 2018

TINTO | VALE DO SÃO FRANCISCO | $$

Outra consistente safra desse tinto, que mostra típicas notas florais, de ervas e de especiarias doces envolvendo sua fruta lembrando ameixas, tudo equilibrado por taninos de ótima textura e acidez refrescante. Gastronômico, tem final agradável e persistente, que pede a companhia de carnes vermelhas ensopadas.

AD 89

Rio Sol Arinto Viognier 2020

BRANCO | VALE DO SÃO FRANCISCO | $

Apresenta aromas de frutas brancas e de caroço maduras seguidas de notas florais, de ervas e de especiarias doces, que aparecem tanto no nariz quanto na boca. Refrescante e cativante, tem acidez na medida, textura cremosa e final médio/longo, com toques cítricos e de pêssegos.

AD 89

Rio Sol Grand Prestige Brut Rosé

ESPUMANTE | VALE DO SÃO FRANCISCO | $

Uma ótima tiragem desse espumante rosado. Mostra acidez vibrante e textura cremosa envolvendo sua fruta branca e vermehlha de perfil mais fresco. Fácil de beber e de agradar, pede uma segunda taça.

AD 89

Rio Sol Reserva Tinto 2017

TINTO | VALE DO SÃO FRANCISCO | $

Gostoso de beber e fácil de agradar. É muito bem logrado no estilo de maior madurez de fruta, com acidez refrescante e taninos macios e de boa textura aportando certo equilíbrio ao conjunto. Tem final suculento, com toques florais, de especiarias e de ameixas.

AD 88 **Rio Sol Chenin Blanc Viognier 2020**
BRANCO | VALE DO SÃO FRANCISCO | $

AD 88 **Rio Sol Grand Prestige Brut**
ESPUMANTE | VALE DO SÃO FRANCISCO | $

AD 88 **Rio Sol Grand Prestige Moscatel Espumante**
ESPUMANTE | VALE DO SÃO FRANCISCO | $

AD 88 **Rio Sol Tempranillo 2019**
TINTO | VALE DO SÃO FRANCISCO | $

AD 88 **Rio Sol Touriga Nacional Malbec Rosé 2021**
ROSÉ | VALE DO SÃO FRANCISCO | $

AD 87 **Rio Sol Egiodola Alicante Bouschet 2018**
TINTO | VALE DO SÃO FRANCISCO | $$

AD 87 **Rio Sol Grand Prestige Espumante Demi-Sec**
ESPUMANTE | VALE DO SÃO FRANCISCO | $

AD 86 | **Rio Sol Cabernet Sauvignon Syrah 2019**
TINTO | VALE DO SÃO FRANCISCO | $

AD 85 | **Rio Sol Cabernet Sauvignon 2019**
TINTO | VALE DO SÃO FRANCISCO | $

SALTON

Regiões:
Serra Gaúcha, Serra do Sudeste, Campos de Cima da Serra e Campanha Gaúcha
Enólogos:
Luciano e Gregório Salton
Site: www.salton.com.br
Enoturismo: Sim

Uma das maiores e mais tradicionais vinícolas do Brasil, a Salton foi fundada em 1910, mas foi com Angelo Salton, no final da década de 1990, que a vinícola passou a se focar realmente na produção de vinhos e espumantes de qualidade. Atualmente é a maior produtora de espumantes do Brasil.

AD 91 | **Salton Domenico Campanha Marselan 2018**

TINTO | CAMPANHA GAÚCHA | $$$

Segundo integrante da linha Domenico, esse tinto é elaborado exclusivamente a partir de Marselan, sem passagem por madeira. Mostra ameixas e amoras maduras acompanhadas de notas terrosas, florais e de ervas, que se confirmam no palato. Gostoso de beber, tem acidez refrescante, taninos aveludados e final persistente, que pede a companhia de embutidos. Aqui menos é mais.

AD 90

Salton Évidence Brut

ESPUMANTE | SERRA GAÚCHA | $$

Sempre consistente, essa é uma muito boa edição desse espumante, que esbanja cremosidade e frutas brancas e de caroço maduras. Gostoso de beber, tem bom volume de boca, acidez refrescante e final médio/longo, com toques cítricos, de padaria e de frutos secos. Uma edição nature ou extra brut seria muito bem-vinda.

AD 90

Salton Moscatel Espumante

ESPUMANTE | SERRA GAÚCHA | $

Muito bem feito no estilo de maior madurez de fruta branca, com as típicas notas florais e de ervas frescas envolvendo o conjunto. Tem ótima acidez, textura cremosa e final cativante, com toques de maçãs e de limão siciliano, que convidam a uma segunda taça.

AD 90

Salton Ouro Extra Brut

ESPUMANTE | SERRA GAÚCHA | $$

Fresco, mostra fruta branca e cítrica acompanhada de notas florais e de ervas, tudo sustentado por textura firme e acidez refrescante. Austero e de bom volume de boca, tem final tenso e cremoso, com toques de limão tahiti e de frutos secos.

AD 90

Salton Virtude Chardonnay 2019

BRANCO | CAMPANHA GAÚCHA | $$$

Branco elaborado exclusivamente a partir de Chardonnay, com fermentação e posterior estágio de 9 meses, parte em tanques de inox, parte em barricas de carvalho francês. Mostra frutas brancas e » de caroço seguidas de notas florais, de ervas e de especiarias doces, tudo envolto por textura firme e cremosa e refrescante acidez, que conferem fluidez e equilíbrio ao conjunto. Tem final cheio e agradável, com toques salinos e de abacaxi.

AD 89 | **Salton Brut**

ESPUMANTE SERRA GAÚCHA $

Uma das melhores tirgens desse espumante, mostra notas florais e de ervas envolvendo sua fruta branca e cítrica de perfil mais fresco. Cremoso e gostoso de beber, tem ótima acidez, bom volume de boca e final agradável, com toques de limão tahiti, que convidam a mais um gole.

AD 88 **Salton Brut Rosé**
ESPUMANTE | SERRA GAÚCHA | $

AD 88 **Salton Intenso Merlot 2018**
TINTO | CAMPANHA GAÚCHA | $

AD 88 **Salton Intenso Merlot Tannat 2017**
TINTO | CAMPANHA GAÚCHA | $$

AD 88 **Salton Intenso Pinot Noir 2019**
TINTO | CAMPANHA GAÚCHA | $

AD 88 **Salton Intenso Tannat 2019**
TINTO | CAMPANHA GAÚCHA | $

AD 88 **Salton Paradoxo Cabernet Sauvignon Merlot Tannat 2019**
TINTO | CAMPANHA GAÚCHA | $$

AD 88 **Salton Prosecco Brut**
ESPUMANTE | SERRA GAÚCHA | $

AD 88 **Séries by Salton Moscatel Espumante**
ESPUMANTE | SERRA GAÚCHA | $

AD 87 | **Séries by Salton Brut**
ESPUMANTE | SERRA GAÚCHA | $

AD 86 | **Séries by Salton Brut Rosé**
ESPUMANTE | SERRA GAÚCHA | $

SAN MICHELE

Região:
Serra Catarinense
Enólogo:
Silnei Alberto Furlani
Site: www.sanmichele.ind.br
Enoturismo: Sim

Um grupo de jovens brasileiros descendentes de italianos fundou a vinícola, que atualmente localiza-se dentro do Circuito Vale Europeu, em Santa Catarina.

AD 90 | **San Michele Barone Nebbiolo 2020**

TINTO | RODEIO | $$$

Cheio de tipicidade, mostra frutas vermelhas e negras acompanhadas de notas terrosas, florais, de ervas secas e de especiarias doces, que aparecem tanto no nariz quanto na boca, tudo equilibrado por taninos de ótima textura e acidez refrescante. Tem final agradável, com toques de rosas e de cerejas. Ainda está jovem e deve ficar ainda melhor nos próximos 5 anos.

»

AD 89 | San Michele Brut 18 meses 2019

ESPUMANTE RODEIO **$$**

Cremoso e gostoso de beber, mostra frutas brancas e de caroço de perfil mais maduro, bem equilibradas por acidez refrescante e textura firme e cremosa. Tem final com toques cítricos e de maçãs, que convidam a uma segunda taça.

AD 88 **San Michele Alticaia Sangiovese 2018**
TINTO | RODEIO | **$$**

AD 88 **San Michele Brut Rosé 18 meses 2019**
ESPUMANTE | RODEIO | **$$**

AD 88 **San Michele Riserva Cabernet Sauvignon 2018**
TINTO | RODEIO | **$$**

AD 88 **San Michele Tridentum Teroldego 2018**
TINTO | RODEIO | **$$**

AD 87 **Ritratto Cabernet Sauvignon 2020**
TINTO | RODEIO | **$**

AD 87 **San Michele Bianco Sauvignon Blanc Chardonnay Riesling 2021**
BRANCO | RODEIO | **$**

AD 87 **San Michele Dolcetto Licoroso Doce 2007**
FORTIFICADO | RODEIO | **$**

AD 87 **San Michele Maso Alto Sangiovese Merlot Cabernet Sauvignon 2019**
TINTO | RODEIO | **$$**

AD 87 **San Michele Moscatel Espumante 2021**
ESPUMANTE | RODEIO | **$**

AD 86 | **San Michele Rosso Cabernet Sauvignon Merlot Tannat 2019**
TINTO | RODEIO | $

AD 85 | **Ritratto Riesling 2021**
BRANCO | RODEIO | $

SANTA AUGUSTA

Região:
Videira
Enólogo:
Luiz Felipe Farias
Site: www.santaaugusta.com.br
Enoturismo: Sim

Dois empresários catarinenses se uniram com a paixão em comum pelo vinho. A empresa, administrada também pelas filhas de ambos, atualmente realiza o manejo de seus vinhedos de forma biodinâmica, sendo que a primeira colheita foi realizada em 2012.

AD 90 | **Santa Augusta Moscatel Espumante**

ESPUMANTE | VIDEIRA | $$

Destaca-se pelo frescor e pela qualidade de sua fruta, tanto no nariz quanto na boca, seguidos pelos aromas florais e de ervas, tudo em um conjunto harmonioso, com acidez vibrante, textura cremosa e final médio e cativante, com toques cítricos.

>>

AD 89

Santa Augusta Rosé Pinot Noir 2021

ROSÉ | SERRA DO SUDESTE | $$

Apresenta frutas brancas e vermelhas de perfil mais maduro, bem equilibradas por textura firme e refrescante acidez. Tem final agradável, com toques terrosos e de cerejas.

AD 88

Tapera Sauvignon Blanc 2020
BRANCO | VIDEIRA | $

AD 87

Tapera Rosé Malbec 2020
ROSÉ | VIDEIRA | $

SÃO JOÃO

Região:
Farroupilha
Enólogo:
Fabiano Demoliner
Site: www.cooperativasaojoao.com.br
Enoturismo: Não

A Cooperativa Vinícola São João foi fundada em 25 de outubro de 1931. Seus produtos são feitos com as uvas cultivadas pelos cerca de 480 associados na vinícola localizada na Vila Jansen, em Farroupilha, Serra Gaúcha. Sua linha de vinhos finos se chama Castellamare.

AD 89 Castellamare Moscatel Rosé Espumante

ESPUMANTE | SERRA GAÚCHA | $

Bem feito em seu estilo mais maduro, mostra frutas vermelhas e cítricas, realçadas pela acidez afiada e pela textura cremosa, além de final refrescante, com toques de maçã e de limão.

AD 89 Castellamare Tradicional Brut

ESPUMANTE | SERRA GAÚCHA E CAMPANHA GAÚCHA | $$

Mostra frutas brancas e de caroço seguidas de notas florais, de ervas e de fermento, tudo equilibrado por refrescante acidez, textura firme e cremosa e final agradável, com toques cítricos, de maçãs e de frutos secos.

AD 88 Castellamare Brut Rosé
ESPUMANTE | SERRA GAÚCHA | $

AD 88 Castellamare Moscatel Espumante
ESPUMANTE | SERRA GAÚCHA | $

AD 88 Castellamare Select Cabernet Franc 2020
TINTO | SERRA GAÚCHA | $

AD 87 Castellamare Barricas Chardonnay 2019
BRANCO | SERRA GAÚCHA E CAMPANHA GAÚCHA | $$

AD 87 Castellamare Brut
ESPUMANTE | SERRA GAÚCHA | $

AD 86 Castellamare Riesling 2021
BRANCO | SERRA GAÚCHA | $

AD 85 Castellamare Cabernet Sauvignon 2020
TINTO | SERRA GAÚCHA | $

TAIPA MAYER

Região:
Serra Catarinense
Enólogo:
Anderson De César
Instragram:@vinhedotaipamayer
Enoturismo: Não

Taipa Mayer está localizada em Urupema (Santa Catarina), uma das cidades mais frias do país, com temperatura média anual de 14ºC. A implantação dos vinhedos se deu em 2014.

AD 90

Taipa Mayer Sauvignon Blanc 2020

BRANCO | SERRA CATARINENSE | $$$

Branco elaborado exclusivamente a partir de uvas Sauvignon Blanc cultivadas em Urupema, sem passagem por madeira. Mostra frutas brancas e de caroço de perfil mais maduro, seguidas de notas florais e de ervas, que aparecem tanto no nariz quanto na boca, tudo sustentado por textura cremosa e vibrante acidez. Tem final com toques salinos e cítricos, convidando a uma segunda taça.

TERRASSOS

Região:
Serra da Mantiqueira
Enólogos:
Fábio Luis do Nascimento e Felipe Piazarolli
Site: www.terrassos.com.br
Enoturismo: Sim

A vinícola Terrasos surgiu em 2003 com a plantação dos vinhedos na região de Amparo, Serra da Mantiqueira. Após testes com cerca de 20 variedades de uvas viníferas, a vinícola concluiu em 2010 sua nova cantina e iniciou a elaboração de vinhos com mínima intervenção.

AD 89 | **Terrassos 4 Estações Syrah 2020**

TINTO | AMPARO | $$

Mais uma boa safra desse tinto de perfil gastronômico e gostoso em sua rusticidade. Tem taninos marcantes, vibrante acidez e final com toques de ameixas e de especiarias, pedindo a companhia de carnes vermelhas ensopadas ou de embutidos em geral.

AD 88 | **Terrassos Syrah Máximo 2019**
TINTO | AMPARO | $

AD 87 | **Terrassos Espumante Demi-Sec**
ESPUMANTE | AMPARO | $$

VILLA CRISTINA

Região:
Pinto Bandeira
Enólogo:
Maciel Ampese
Facebook: pt-br.facebook.com/vinhedos.villacristina
Enoturismo: Não

A Villa Cristina nasceu de um sonho do proprietário, Ricardo, de elaborar seus próprios vinhos. Como já tinha amizade com a família Giovannini, acabou firmando uma parceria entre Villa Cristina e Don Giovanni, que cuida dos vinhedos e da elaboração dos espumantes Villa Cristina.

AD 91 | **Villa Cristina Nature**

ESPUMANTE PINTO BANDEIRA **$$**

Austero e tenso, mostra notas terrosas, de ervas e de especiarias doces envolvendo sua fruta branca e cítrica de perfil mais fresco, com sua acidez vibrante e sua textura cremosa aportando profundidade ao conjunto. Tem final cativante e persistente, com toques de frutos secos, de limão siciliano e de padaria.

AD 90 | **Villa Cristina Brut**

ESPUMANTE PINTO BANDEIRA **$$**

Cremoso e gostoso de beber, apresenta frutas brancas e de caroço seguidas de notas florais, de ervas e de especiarias doces, que se confirmam na boca, tudo equilibrado por refrescante acidez, textura firme e cremosa e final agradável, com toques cítricos, de fermento e de frutos secos.

AD 89 | **Villa Cristina Brut Rosé**

ESPUMANTE PINTO BANDEIRA **$$**

Mostra notas de frutas vermelhas maduras, florais, de frutos secos e terrosas, que se confirmam no palato. Tem perfil vinoso e bem equilibrado, além de acidez vibrante, textura cremosa e final refrescante, com toques cítricos.

VILLAGGIO BASSETTI

Região:
São Joaquim
Enólogo:
Anderson De Césaro
Site: www.villaggiobassetti.com.br
Enoturismo: Sim

Em 2005, os irmãos e engenheiros José Eduardo, Marco Aurélio e César Juliano, da família Pioli Bassetti, fundaram a Villaggio Bassetti. O vinho estava no sangue da família, pois o avô, Juca Pioli, já produzia vinhos artesanais.

AD 91 | **Claret Sangiovese Syrah Cabernet Sauvignon Merlot 2020**

TINTO SÃO JOAQUIM **$$**

Franco nos aromas e nítido nos sabores, esbanja frutas vermelhas frescas acompanhadas de notas terrosas, de ervas e de flores. Refrescante e muito gostoso de beber, tem acidez pulsante, taninos tensos e final cativante e persistente, que convida a uma segunda taça. Não se engane com ele, aqui menos é muito mais.

»

AD 90

Ana Cristina Pinot Noir 2019

TINTO | SÃO JOAQUIM | $$$

100% Pinot Noir, com estágio de 13 meses em barricas de carvalho francês. Complexo e de boa tipicidade, mostra frutas vermelhas, especiarias, floral, ervas e toques terrosos, que se confirmam no palato. Gostoso de beber, tem a fruta madura e suculenta bem sustentada pela acidez refrescante e pelos taninos finos, além de final persistente e agradável, com notas de cerejas e de hibisco.

AD 90

Eli Pinot Noir 2020

TINTO | SÃO JOAQUIM | $$$

Elaborado com fermentação espontânea (sem adição de leveduras), ainda mostra perfil de frutas vermelhas maduras, mas numa intensidade menor quando comparado ao 2019, o que é muito bem-vindo, já que traz mais tensão e vivacidade ao vinho. Tem acidez refrescante, taninos firmes e de grãos finos e final suculento, com toques terrosos, florais, de ervas e de especiarias.

AD 90

Villaggio Basseti Donna Enny 2019

BRANCO | SÃO JOAQUIM | $$$

Uma boa versão desse vinho, que dentro do estilo mais opulento e untuoso da casa, tem acidez vibrante e textura firme, que trazem sustentação ao conjunto. A madeira ainda aparece mais do que deveria, mas sem sobrepor a fruta, nada que mais uns 2/3 anos de garrafa não resolvam.

AD 90

Villaggio Bassetti Rosé Syrah Sangiovese Merlot 2020

ROSÉ | SÃO JOAQUIM | $$

Constantemente entre os mehores rosados no Brasil, nessa safra mostra frutas brancas e vermelhas maduras equilibradas por gostosa acidez e textura firme e cremosa. Fluido e gostoso de beber, tem final agradável, com toques cítricos, de groselhas e de ervas.

AD 89

Dio Merlot 2019

TINTO | SÃO JOAQUIM | $$$

Chama atenção pela qualidade de fruta vermelha e negra, pelos taninos firmes e de boa textura e pela acidez pulsante, nesse tinto de perfil gastronômico, que tem final suculento com toques terrosos, de ameixas e de especiarias doces.

AD 89

Roberto Sangiovese 2018

TINTO | SÃO JOAQUIM | $$$

100% Sangiovese, com estágio de 24 meses em barris (400l) e barricas (225l) de carvalho francês. Nesta safra, a madeira ainda aparece um pouco mais do que deveria, tanto no nariz quanto na boca, acompanhada por notas de frutas vermelhas maduras, de especiarias doces, de ervas e terrosas. Tem acidez pronunciada, taninos macios e de boa textura e final médio/longo.

AD 89

Villaggio Bassetti Sauvignon Blanc 2020

BRANCO | SÃO JOAQUIM | $$

Mostra frutas brancas e de caroço, seguidas de notas florais e de ervas, que se confirmam no palato. Cheio e untuoso, tem acidez refrescante e textura firme e cremosa, que trazem certo equilíbrio ao seu perfil de maior madurez.

AD 89

Villaggio Basseti Taglio

TINTO | SÃO JOAQUIM | $$$$

Corte de partes de iguais de Sangiovese, Syrah, Cabernet Sauvignon e Merlot, com breve passagem por madeira, esbanja frutas vermelhas e negras maduras no ponto certo, com sua acidez pulsante e seus taninos firmes trazendo fluidez e sustentação ao conjunto. Tem final cativante e carnudo, com toques terrosos, de ervas, de especiarias e de cerejas.

VILLAGGIO CONTI

Região:
São Joaquim
Enólogo:
Eduardo Strechar
Site: www.villaggioconti.com.br
Enoturismo: Sim

A família Conti iniciou, em 2009, o sonho de cultivar castas italianas em solo brasileiro. Hoje, a propriedade conta com uma variada gama de uvas, como, por exemplo, as tintas Sangiovese, Montepulciano, Nero d'Avola, Teroldego e Pignolo e as brancas Vermentino, Grechetto e Ribolla Gialla.

AD 89

Don Guino Montepulciano 2020

TINTO | SÃO JOAQUIM | $$$

De boa tipicidade varietal, mostra ameixas e amoras seguidas de notas terrosas, de ervas e de especiarias doces, que se confirmam na boca, tudo sustentado por taninos de ótima textura e refrescante acidez. A madeira, por enquanto, aparece mais do que deveria, mas nada que uns 2/3 de anos de garrafa não resolvam.

AD 89

Villaggio Conti Penultimo Extra Brut

ESPUMANTE | SÃO JOAQUIM | $

Espumante extra brut elaborado pelo método Charmat e composto de Glera, Grechetto e Vermentino. Mostra frutas brancas e cítricas de perfil mais fresco, floral e frutos secos, que se repetem no palato. Equilibrado e refrescante, tem acidez afiada, textura cremosa e final médio/longo, com toques de toranja e de casca de limão.

AD 88

Conti Tutto Lote IV Sangiovese Montepulciano Nero d'Avola

TINTO | SÃO JOAQUIM | $$

AD 88 — **Rosso d'altezza Sangiovese Montepulciano Rebo 2020**
TINTO | SÃO JOAQUIM | $$$

AD 88 — **Villaggio Conti Pignolo 2019**
TINTO | SÃO JOAQUIM | $$$

AD 88 — **Villaggio Conti Ribolla Gialla 2020**
BRANCO | SÃO JOAQUIM | $$$

AD 87 — **Arancione Ribolla Gialla Grechetto Malvasia Vermentino 2020**
BRANCO | SÃO JOAQUIM | $$

AD 87 — **Villaggio Conti Grechetto 2020**
BRANCO | SÃO JOAQUIM | $$

VINHA UNNA

Região:
Pinto Bandeira
Enóloga:
Marina Santos
Site: www.vinhaunna.com.br
Enoturismo: Sim

Marina Santos é a enóloga desse projeto artesanal situado em Pinto Bandeira, que só elabora vinhos a partir de vinhedos biodinâmicos ou orgânicos. Biodinâmica e natural de corpo e alma, Marina tem mostrado outra interpretação possível para os vinhos da Serra Gaúcha, mais especificamente de Pinto Bandeira, imprimindo um estilo de pura fruta e sem muita extração.

AD 91 — Terroir de Chuva Nature Blush 2021

ESPUMANTE | PINTO BANDEIRA | $$$

100% Teroldego. Chama atenção pela fruta vermelha pura e fresca envolta por notas terrosas, florais, de ervas e de especiarias, tudo sustentado por vibrante acidez, textura firme e cremosa e final com toques salinos e de groselhas, que pedem a companhia de embutidos.

AD 91 — Terroir de Chuva Nature Rosé 2021

ESPUMANTE | PINTO BANDEIRA | $$$

Cativante em sua força e pureza. Mostra perfil de frutas vermelhas e brancas mais maduras bem equilibradas por textura firme e ótima acidez, tudo envolto por notas florais, terrosas, de especiarias doces e de ervas secas, que convidam a mais um gole. Definitivamente, um espumante 100% Pinot Noir para escoltar uma refeição do início ao fim.

AD 91 — Invidia Sangiovese 2021

TINTO | PINTO BANDEIRA | $$$

De ótima tipicidade, impressiona pela qualidade de fruta vermelha viva e fresca, com sua ótima acidez e seus taninos firmes e granulados trazendo tensão ao conjunto. Tem final cativante e persistente, com toques terrosos, de ervas e de cerejas.

AD 90

Furta Cor Rosé Sangiovese 2021

ROSÉ | PINTO BANDEIRA | $$$

De perfil gastronômico e muito gostoso de beber, mostra frutas vermelhas e brancas equilibradas por vibrante acidez e textura firme. Tem final cativante e persistente, com toques terrosos, de groselhas e de ervas secas, que pedem a companhia de embutidos. Delicioso em sua pureza e rusticidade.

AD 90

Lunações Chardonnay 2021

BRANCO | PINTO BANDEIRA | $$$

Tenso e vivo, mostra frutas tropicais e de caroço seguidas de notas florais e de ervas. Mas, é na boca que merece atenção, com sua textura firme e cremosa, sua vibrante acidez e seu final cheio e persistente, com toques de abacaxi.

AD 90

Terroir de Chuva Nature Branco 2021

ESPUMANTE | PINTO BANDEIRA | $$$

Fresco, cremoso e sedutor, impressiona pela qualidade de fruta branca e cítrica acompanhada de acidez refrescante, textura firme e cremosa e final com toques salinos e de limão. Gostoso de beber, alia magistralmente vivacidade com rusticidade.

>>

AD 89 | **Euphoria Moscato Giallo Trebbiano 2021**

BRANCO | PINTO BANDEIRA | **$$$**

Apesenta frutas brancas e de caroço acompanhadas de notas florais e de ervas, que aparecem tanto no nariz quanto na boca. Chama atenção pela vivacidade, pela acidez refrescante e por sua textura firme e cremosa, que trazem sustentação e profundidade. Paciência com ele na taça, para que mostre todas as suas camadas de sabores.

AD 88 | **Abrasileirar Você Moscato Giallo 2021**

BRANCO | PINTO BANDEIRA | **$$$**

VINHEDO PEDRAS ALTAS

Região:
Serra do Sudeste
Enólogos:
Alejandro Alberto Cardozo Rapetti e Flávio Pizzato
Site: www.vinhedopedrasaltas.com.br
Enoturismo: Não

A vinícola possui cerca de 9 hectares de vinhedos, situados a uma altitude média de 380 metros, na região da Serra do Sudeste. O parreiral foi implantado em 2003 e, hoje, cultivam Cabernet Sauvignon, Merlot, Pinot Noir e Tannat.

AD 90 | Vinhedo Pedras Altas Rosé Pinot Noir 2021

ROSÉ SERRA DO SUDESTE $$

Mostra frutas brancas e vermelhas de perfil fresco acompanhadas de notas florais e de ervas, tudo equilibrado por gostosa acidez e textura cremosa. Tem final agradável, com toques salinos, cítricos e de morangos.

AD 88 | **Vinhedo Pedras Altas Cabernet Sauvignon 2020**
TINTO | SERRA DO SUDESTE | $$

AD 87 | **Vinhedo Pedras Altas Cabernet Sauvignon 2019**
TINTO | SERRA DO SUDESTE | $$

AD 87 | **Vinhedo Pedras Altas Pinot Noir 2020**
TINTO | SERRA DO SUDESTE | $$

VINHEDOS CAPOANI

Região:
Vale dos Vinhedos
Enólogo:
Marcos Vian
Site: www.vinhedoscapoani.com.br
Enoturismo: Sim

Tradicional família do ramo moveleiro, os Capoani plantaram as pimeiras mudas de Chardonnay no Vale dos Vinhedos em 1973. Com o falecimento de Volmir, o herdeiro Noemir assumiu os vinhedos » da família juntamente com os seus filhos Wilian e Renan. Em 2010, passaram a elaborar os primeiros vinhos com rótulos próprios.

AD 91 | **Vinhedos Capoani Gamay Nouveau 2021**

TINTO VALE DOS VINHEDOS $$

Outra ótima edição desse tinto leve, refrescante e muito gostoso de beber. Esbanja framboesas e morangos seguidos de notas terrosas, florais e de ervas, tudo equilibrado por acidez na medida e taninos firmes e de grãos finos. Aqui menos é muito mais.

AD 90 | **Vinhedos Capoani Blanc de Blanc Brut 2020**

ESPUMANTE VALE DOS VINHEDOS $$

Cremoso e muito equilibrado, tem bom volume de boca, textura cremosa e vibrante acidez, que conferem equilíbrio ao conjunto e sustentação ao seu perfil de maior madurez de fruta branca e de caroço. Tem final agradável e persistente, com notas florais, de ervas, de fermento e de frutos secos.

AD 90 | **Vinhedos Capoani Chardonnay 2020**

BRANCO VALE DOS VINHEDOS $$

De boa tipicidade e bem feito em seu estilo de maior madurez e untuosidade, mostra frutas tropicais e de caroço acompanhadas de notas florais, de ervas e de especiarias doces, que aparecem tanto no nariz quanto na boca. No palato, tem acidez refrescante, textura cremosa e final cheio e persistente, com toques amanteigados, de abacaxi fresco e de frutos secos.

AD 90 | **Vinhedos Capoani Cabernet Franc 2020**

TINTO VALE DOS VINHEDOS $$$

Apresenta ameixas e amoras maduras acompanhadas de típicas notas de ervas, de tabaco e de especiarias, com seus taninos finos e firmes e sua refrescante acidez trazendo equilíbrio ao conjunto e ao aporte de madeira, que, por enquanto, aparece mais do que deveria, mas nada que uns 3 anos de garrafa não resolvam.

VISTAMONTES

Região:
Bento Gonçalves
Enólogos:
Geyce Marta Salton e Anderson De Césaro
Site: www.vistamontes.com.br
Enoturismo: Sim

Fundada em 2009, pelos enólogos Geyce Marta Salton e Anderson De Césaro, Vistamontes direcionou, até 2018, sua produção para suco de uva integral. Em 2019, a partir da implantação de modernos vinhedos, lançaram sua linha de espumantes e vinhos. A beleza da paisagem natural da propriedade é a que dá nome ao vinho, Vistamontes.

AD 90

Vistamontes Brut

ESPUMANTE ALTO FELIZ $$

Espumante branco brut elaborado pelo método Charmat exclusivamente a partir de uvas Chardonnay. Uma ótima tiragem desse espumante, mais estruturada e vibrante do que a anterior, provada em meados de 2020. Fresco e gostoso de beber, mostra frutas brancas e de caroço seguidas de notas florais, de ervas e de padaria. No palato, tem bom volume, textura firme e cremosa e final agradável, com toques cítricos e salinos.

AD 90

Vistamontes Merlot 2020

TINTO FARIA LEMOS $$$

Mostra ameixas e amoras acompanhadas de notas de violetas, de ervas e de especiarias doces, que se confirmam no palato. Apesar do perfil de maior madurez e de concentração de fruta, tem taninos firmes e acidez refrescante, que trazem equlíbrio ao conjunto e ao aporte de madeira. Paciência com ele na taça ou na garrafa, pois ainda está jovem e tem tudo para ficar melhor nos próximos 5 anos.

AD 89

Vistamontes Brut Rosé

ESPUMANTE ALTO FELIZ $$

Espumante rosado brut elaborado pelo método Charmat exclusivamente a partir de uvas Malbec. Mais uma boa edição desse espumante, que mostra frutas vermelhas maduras acompanhadas de notas florais e de ervas, que aparecem tanto no nariz quanto na boca. Descompromissado e cativante, tem acidez refrescante e textura cremosa, que trazem equilíbrio ao seu perfil de maior sensação de madurez. Para o aperitivo.

AD 89

Vistamontes Pinot Noir 2020

TINTO FARIA LEMOS $$$

Fragrante e de boa complexidade, prevalecem os aromas de frutas vermelhas e empireumáticos, apoiados por toques florais, de especiarias doces e terrosos. No palato, confirma sua fruta suculenta e de qualidade, tem acidez refrescante, taninos macios e de boa textura e final médio/longo, com notas de cerejas e de alcaçuz.

AD 88 **Vistamontes Moscatel Rosé Espumante**
ESPUMANTE | ALTO FELIZ | $

VIVALTI

Região:
Serra Catarinense
Enólogo:
Átila Zavarize
Site: www.vinicolavivalti.com.br
Enoturismo: Sim

Projeto na Serra Catarinense, a vinícola foi fundada por Vicente Donini, que enxergou ali o lugar ideal para construir o seu mais recente projeto: La Casa Vivalti. As noites frias e os dias ensolarados dos altiplanos da região contribuem para o processo de maturação das uvas.

AD 92

Vivalti Touriga Nacional 2019

TINTO | SÃO JOAQUIM | **$$$**

Uma das maiores surpresas dessa edição do Adega Brasil Guia de Vinhos. Cheio de tipicidade, é franco nos aromas e nítido nos sabores. Esbanja amoras e ameixas seguidas de notas florais, de ervas e de especiarias doces, tudo equilibrado por taninos firmes e finos e refrescante acidez. Tem final untuoso e persistente, com toques de umami, de violetas e de alcaçuz.

AD 91

Vivalti Brut

ESPUMANTE | SÃO JOAQUIM | **$$**

Espumante branco brut, 100% Pinot Noir, elaborado pelo método tradicional e mantido em contato com suas borras por 12 meses. Apresenta frutas brancas e cítricas frescas, floral, ervas e um toque de panificação, que se confirmam no palato. Austero e vibrante, tem acidez pronunciada, textura cremosa e final persistente.

»

AD 91

Vivalti Macerato Alvarinho 2020

BRANCO | SÃO JOAQUIM | $$

Grata surpresa, mostra notas florais, de ervas e de especiarias envolvendo sua fruta branca e de caroço madura, com sua acidez refrescante e sua ótima textura aportando sustentação ao conjunto. Tem final cremoso e persistente, com toques de peras, de camomila e de limão siciliano.

AD 91

Vivalti Rosé 2020

ROSÉ | SÃO JOAQUIM | $$

Apresenta aromas de frutas vermelhas e cítricas, florais, de ervas e de pedra de isqueiro, que se confirmam no palato. Tenso e vibrante, tem acidez afiada, textura cremosa e final fresco e cativante, com toques salinos e de flor de limoeiro.

AD 90

Vivalti Assemblage 2020

TINTO | SÃO JOAQUIM | $$

De boa complexidade, com frutas vermelhas e negras de perfil mais fresco, floral, especiarias e ervas. Equilibrado e gastronômico, tem acidez afiada, taninos volumosos e firmes e final médio/longo, com notas de cerejas e de violetas.

AD 90

Vivalti Brut Rosé

ESPUMANTE | SÃO JOAQUIM | $$

Outra boa edição desse brut rosé, mostra frutas vermelhas maduras seguidas de notas terrosas, de fermento e de frutos secos, tudo sustentado por acidez refrescante, textura firme e cremosa e final cativante, com toques cítricos e de framboesas, que pedem um segundo gole.

AD 90

Vivalti Sauvignon Blanc 2020

BRANCO | SÃO JOAQUIM | $$

Sempre consistente, essa é mais uma ótima safra desse vinho, que mostra frutas brancas e cítricas acompanhadas de notas de ervas e de especiarias brancas, que aparecem tanto no nariz quanto na boca. De corpo médio e gostoso de beber, tem acidez refrescante, boa textura e final também médio, com toques de limão e de arruda.

AD 89

Vivalti Alvarinho 2019

BRANCO | SÃO JOAQUIM | $$

Repleto de tipicidade, mostra frutas brancas e de caroço de perfil mais maduro, bem equilibradas por acidez vibrante, textura firme e cremosa e final agradável e cativante, com toques salinos e cítricos.

AD 89

Vivalti Cuvée Pinot Noir

TINTO | SÃO JOAQUIM | $$$

Blend das safras 2019 e 2020, apresenta notas terrosas, de ervas e de especiarias doces envolvendo sua fruta vermelha madura no ponto certo, tudo sustentado por refrescante acidez e taninos firmes e de ótima textura. Chama atenção pela tipicidade e pelo final agradável e cativante, que convida a mais um gole.

YOO WINES

Região:
Caxias do Sul
Enólogo:
Alejandro Alberto Cardozo Rapetti
Site: www.yoowines.com.br
Enoturismo: Não

O projeto começou para atender de forma exclusiva o restaurante Umai Yoo. No entanto, com o passar do tempo e apoio dos clientes, novos produtos foram adicionados à linha e ela passou a ser distribuída para todo o Brasil.

AD 92

Yoo Nature Rosé Clássico

ESPUMANTE | NOVA PRATA E FARIA LEMOS | $$

Impressiona pela textura firme e pela acidez vibrante que emolduram o conjunto e toda sua fruta branca e vermelha de perfil mais fresco, aportando tensão e profundidade. Tem final longo e persistente, com toques terrosos, especiados, de fermento e de framboesas. Para os embutidos.

AD 91

Yoo Nature Clássico

ESPUMANTE | NOVA PRATA E FARIA LEMOS | $$

Cremoso, muito equilibrado e gostoso de beber, mostra notas tostadas, especiadas e de fermento envolvendo toda sua fruta branca e cítrica. Tenso e refrescante, tem ótima acidez, textura firme e final persistente, com toques cítricos, salinos e de frutos secos.

AD 89 | **Yoo Moscatel Espumante**

ESPUMANTE FLORES DA CUNHA $

De boa tipicidade, mostra frutas brancas e cítricas acompanhadas de notas florais e de ervas frescas, que aparecem tanto no nariz quanto na boca. Sedutor e gostoso de beber, tem boa acidez, textura cremosa e final agradável, com toques de maçãs e de limão siciliano.

AD 88 | **Yoo Brut**
ESPUMANTE | NOVA PRATA | $

AD 88 | **Yoo Rosé Edição Especial 2021**
ROSÉ | NOVA PRATA | $

AD 88 | **Yoo Viognier 2021**
BRANCO | CAXIAS DO SUL | $

AD 87 | **Yoo Brut Rosé**
ESPUMANTE | NOVA PRATA | $

AD 87 | **Yoo Fumê Blanc 2021**
BRANCO | CAXIAS DO SUL | $

AD 86 | **Yoo Prosecco Brut**
ESPUMANTE | MONTE BELO DO SUL | $

ANOTAÇÕES

ANOTAÇÕES

ANOTAÇÕES

ANOTAÇÕES

ANOTAÇÕES

ANOTAÇÕES

ANOTAÇÕES

ANOTAÇÕES

ANOTAÇÕES